子育てママに知ってほしい

ホンモノの自己肯定感

井上顕滋
INOUE KENJI

幻冬舎MC

子育てママに知ってほしい

ホンモノの自己肯定感

はじめに

近年、「自己肯定感」という言葉が老若男女問わず広く知られるようになりました。自己肯定感については研究者によってさまざまな定義がありますが、簡単に言うと「自分らしさを認め、自分を受け入れる感覚」のことです。

そして自己肯定感というキーワードは子育てにおいても重視されていて、自己肯定感が高い子は何事にも積極的でポジティブにとらえることができ、くじけずに何度でもチャレンジすることができる傾向があるといわれています。また、ありのままの自分を受け入れることができるので幸せを感じやすいとされます。一方で自己肯定感が低い子は新しいことに挑戦するのを怖がったり、何か壁にぶつかったときに、あっさり諦めてしまったりする傾向があるのです。

私はこれまで20年以上にわたって数多くの企業の研修に携わり、その研修プログラムの一部として自己肯定感を高める方法を伝えてきました。そして、この手法を子どもにも分かるようなプログラムにつくり直せば、子どもたちのなかに逆境にも立ち向かっていけるホンモノの自己肯定感を育むことができるはず――。そう確信して2011年12月に「こども成功塾」を設立し、以来10年以上にわたって、芯が強く、目標を達成できる子どもを育てるためのセミナーを保護者向けに実施してきました。

こうした実績を踏まえていえるのが、自己肯定感を育むうえで欠かせないものは「母性愛」と「父性愛」の2つだということです。まず、自己肯定感の土台をつくるのは「生まれてきてくれてありがとう」と子どものありのままを受け入れて愛する母性愛であり、「優しさ」にあたります。しかし母性愛だけではホンモノの自己肯定感は育まれません。社会のルールや規範という「厳しさ」のなかで目標を達成する力を育む父性愛も同時に子どもに注ぐ必要があります。もしこの父性愛が欠けてしまえば、失敗を恐れて挑戦できなかったり、困難なことに出合うとあっさり諦めたりしてしまいがちです。

つまり、ホンモノの自己肯定感を育むためには、母性愛を注いで自己肯定感の土台をつくり、そのうえで父性愛を注ぐことが不可欠なのです。

本書では、このホンモノの自己肯定感を育むうえで欠かせない母性愛と父性愛とはどんなものか、どのように子どもに注いでいけばよいのかについて解説し、芯が強く目標を達成できる子どもを育てるための道しるべをまとめました。一人でも多くの読者が愛情の適切な注ぎ方を知り、子どもたちの無限の可能性を引き出す助けになれば、こんなにうれしいことはありません。

目次

第4章

2つの愛情をバランスよく注ぐ具体的な実践法
自らの子育てスタイルを把握した褒め方・叱り方

第1章

「芯が強く、目標を達成できる子」と
「折れやすく、あきらめがちな子」

ホンモノとニセモノの自己肯定感で子どもの成長は大きく変わる

増え続ける不登校……
問題にうまく対処できない子どもたち

子どもは誰もが大きな可能性をもって生まれてきます。多くの親は子どもが心身ともに健やかに成長し、その可能性を最大限に活かすことで自らが望む幸せな人生を歩んでほしいと願うものです。

子どもたちは親や周囲の人からの愛情を受け、さまざまなことを学びながら成長していきます。その過程で家族や社会のルールに触れ、自分の思いどおりにならないことやできないことに出合い、小さな挫折を体験することで、我慢したり努力して乗り越えたりする力を養っていきます。そうして社会に適応しながら、自らの可能性を最大限に活かし、人生を切り拓いていく力を身につけていくものです。

しかし近年、「さまざまなことを学び、成長していく場」である学校に通えなく

不登校児童生徒数の推移

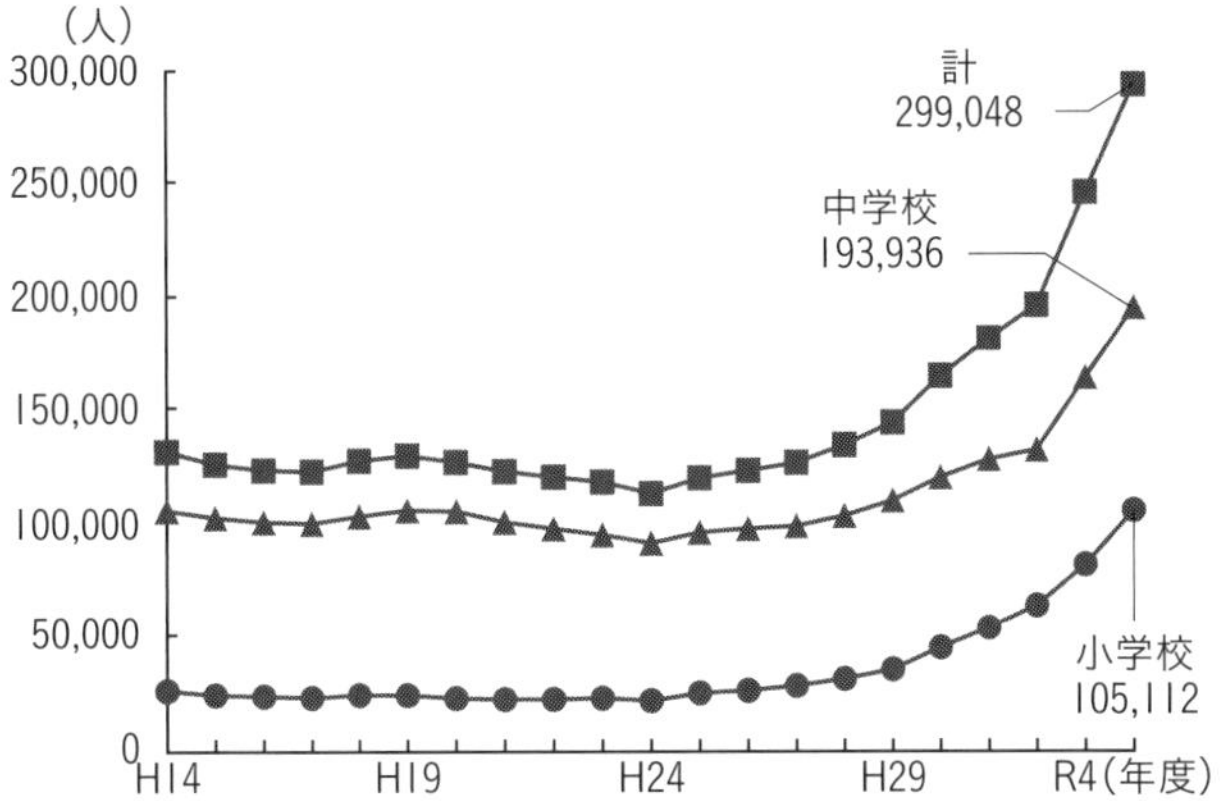

文部科学省「令和４年度　児童生徒の問題行動・不登校等生徒指導上の諸課題に関する調査結果について」

なってしまっている子どもが急増しているのです。

文部科学省の調査結果によると、小中学校における不登校者数はここ数年で増え続け、2022（令和4）年度には29万9048人に上りました。これは過去最多の数字です。

不登校に陥るきっかけは、主に友人や先生などとの対人関係がうまくいかない、学業や部活動での成績が振るわないなど、学校生活を送る上で発生するさまざまな問題です。そういった問題にうまく対処できない子どもの数が増えているのです。

文部科学省の「令和4年度児童生徒の問題行動・不登校等生徒指導上の諸課題に関する調査結果の概要」では、児童が不登校に陥る心理状況には自己肯定感の低さが影響している、とされています。不登校や引きこもりの増加などの問題を解決するためには、教育現場や家庭で「自己肯定感を高め、自らの手で未来を切り拓く子ども」を育むことが急務であると指針を出しているのです。

自己肯定感には「ホンモノ」と「ニセモノ」がある

学校生活において、問題に対処できずに不登校になってしまう子どもの心理状況に影響しているとされた「自己肯定感」とは、「ありのままの自分を肯定する感覚」を指します。自己肯定感が高い子どもは物事に積極的に取り組み、失敗しても何度でも挑戦できる傾向があり、一方で自己肯定感の低い子どもは失敗を恐れて新しいことにチャレンジすることを避ける傾向があるといわれています。その違いは「自分を肯定的にとらえているか否か」、つまり自己を肯定できる感覚をどれだけもっているかに関わっており、仕事でのパフォーマンスや人生の満足度を上げる重要な要素の一つとして考えられています。

しかし「自己肯定感」は高ければいいという単純なものではありません。

私は、小学校1年生から高校生までを対象に、社会で成功できる人に育てることを目的とした塾を営んでいます。これまで自己肯定感の醸成に重点をおき、多くの子どもたちへの指導や保護者のサポートを行ってきました。私が多くの親子と接する中で感じているのは、「ホンモノ」ではない、つまり「ニセモノ」の自己肯定感を持つ子どもがここ数年で増えているということです。

ニセモノの自己肯定感というのは、ありのままの自分でよいという「I'm OK」の感覚だけをもっている状態です。ニセモノの自己肯定感を持った子はポジティブで積極的に見えるものの、何か一つでも問題に直面したとたん落ち込みがちになり、あきらめてしまうといった特徴があります。

例えば、前向きに新しい習い事を始めたはいいが、練習を怠り思うように上達せずに長続きしなかったり、コーチから叱られたときにひどく落ち込んでなかなか立ち直れず、試合や発表会を目前に逃げ出してしまったりします。

親が「生まれてきてくれてありがとう」とその存在自体を単にそのまま認めるだけでは不十分なのです。「ホンモノ」の自己肯定感を持たせることはできません。「ホンモノ」の自己肯定感には「I'm OK」の感覚だけではなく、小さなことでも最後まで何かをやり遂げる経験を積み、「自分はできる」という「I can」の感覚を子どもに持たせることが必要なのです。この「I can」という感覚を「自己効力感」といいます。つまりありのままの自分を肯定してもらった「I'm OK」の感覚と、成功体験から得られる「I can」の自己効力感を併せもって初めて「ホンモノ」の自己肯定感をもつことができるのです。

子どもは、失敗しても「まだできるかも」という自分自身の力に対する自信があるからこそ再び挑戦してやり遂げることができます。そしてその成功体験がさらに「I can」の自己効力感を高め、問題解決に向かうことができる――自己肯定感が高い子どもは物事に積極的に取り組み、失敗しても何度でも挑戦できる傾向があり、一方で自己肯定感の低い子どもは失敗を恐れて新しいことにチャレンジすることを避ける傾向があるといわれる所以です。

「ホンモノの自己肯定感を持ち、芯が強く目標を達成できる子ども」と「ニセモノの自己肯定感だけで心が折れやすくあきらめがちな子ども」のどちらが、将来社会に適応しながら自らの力で人生を切り拓いていくことができるかは明白です。つまり子どものときの「ホンモノ」の自己肯定感の醸成は非常に重要な課題となってくるのです。

「叱らない子育て」がニセモノの自己肯定感をつくりだす

昭和の時代に主流だった「叱る子育て」では子どもが必要以上に自信をなくし、萎縮してしまって実力を発揮できない、という考えから、一時「叱らない子育て」というものがブームのようになりました。この「叱らない子育て」は簡単にいえば、叱らずに褒めることで自信をつけさせ自己肯定感を育むという考え方で、子どもができるだけ傷つかないことを優先するため、子どもの感情や欲求を過剰に尊重する状態を生み出します。

しかし物事を達成するためには、親や教師といった大人から時には厳しく叱られ、自分の現状を見つめ直して間違いを認めることが必要です。「叱らない子育て」では、そういった機会が子どもに与えられません。困難に直面した時に起こる不安や恐怖の感情、ストレスにつながる不満などを制御する能力が育たず、結果として「I'm OK」だけのニセモノの自己肯定感を持つ子がつくられてしまうのです。

そして大人から厳しく叱られることのないままに育った子どもたちは、ニセモノの自己肯定感をもったまま社会に出て大きな壁にぶつかることになります。

彼らは一見自己肯定感を持ち、自信があるようにみえますが、その自信は困難を乗り越えた経験などに裏打ちされたものではない自信です。そのため成長し、会社に入って仕事でミスをすれば、その自信は簡単に打ち砕かれてしまうのです。本人はそれを認めたくないので「本当はできるはずなのに、今回できなかったのは周囲のせいに違いない」と決めつけ、自分自身は反省することなく、周りの人や環境のせいにします。しかしそれでは周囲とうまくいかず、大きな壁を乗り越えることはできません。また、叱られる経験をしてきていないため、社会に出てから上司に注意されたときに「上司が自分を攻撃してきた」ととらえてしまう人が少なくありません。上司は自分のためを思って言ってくれているのだと考えることができずに、相手を敵だとみなして反撃しようとすることもあります。そのような姿勢でいれば、会社のなかで上司や同僚と協力して仕事をすることは難しくなります。

このようなケースは決して珍しいものではなく、私が企業研修をする際に会社の経営者や管理職からよく相談される典型的な例で、年々その数は増えています。

親が良かれと思って子育ての中から厳しさを排除してきたことによって、結局、不利益を被るのは子どもたちなのです。

第2章

ホンモノの自己肯定感を育むために欠かせない

「優しさ」と「厳しさ」の
2つの愛情

ホンモノの自己肯定感に必要なのは愛情のある厳しさ

世界各国に駐在経験のあるウォール・ストリート・ジャーナルのパメラ・ドラッカーマンはその著書『フランスの子どもは夜泣きをしない』の中で、フランスではストレスに対処する力が人生の核になる力だとされていると述べ、赤ちゃんの夜泣きに対してすぐに対応するのではなく、本人が自分で泣きやむのを待ち、学習させることが大切で、多少のストレスはかかったほうが良いと説明しています。考えてみれば確かに社会に出たら人はさまざまなストレスにさらされるので、これは理にかなった考えです。

人はストレスを感じるとストレスホルモンを分泌し、脈拍や血圧を上昇させて緊張状態を保ちます。過剰なストレスホルモンが分泌され続ければ、体にも脳にも悪影響を及ぼします。しかし子どもが厳しく叱られた程度で、脳が極端に悪影響を受けて萎縮することはありません。

私はこの叱られることによるストレスへの対処を教えることにこそ、親の愛情の本質があると思います。親は子どものためを思うからこそ、時には厳しく叱ることをしてきたのです。

にもかかわらず現代の日本では、子どもたちにストレスを与えないように守り育て、叱ることは子どもを傷つけるなどと、とんでもない考え方を受け入れるようになってしまいました。

褒めて伸ばす指導方針は多くの研究でも明らかになっているように間違いなく良い結果につながります。しかし、昨今多くの親が実践している叱らない子育ては、褒めて伸ばす「優しさ」だけを尊重し、叱る「厳しさ」を否定してしまっていることが問題なのです。

ホンモノの自己肯定感を育むために必要な母性愛と父性愛

ホンモノの自己肯定感を育むためにまず親に知っておいてほしいのは、母性愛と父性愛という異なる2つの愛情の存在です。

母性愛は、「母親が子どもに対して持つ本能的な愛情」という意味がありますが、本書では自分の存在をまるごと肯定してくれる、包み込むような愛のことを指します。子どもを抱きしめて、「生まれてきてくれてありがとう」と親が心から子どもに言葉をかけることで、子どもはありのままの自分が愛されていることを感じます。こうして子どもの中に「I'm OK」という感覚が生まれます。

「I'm OK」という感覚から「I can」という感覚を醸成するために、なるべく早い段階で親子間の愛着を形成しておくことが大切です。愛着とは乳幼児期に親子間で築かれる心理的な結びつきのことです。愛着が形成されていれば、その後、厳しいことを言ったとしても、「親は私を愛してくれているから、私のために厳しく言ってくれているのだ」と受け止めることができるからです。

母性愛という「優しさの愛情」で育んできた自己肯定感の土台の上に、年齢を重ねるにつれ、「ダメなものはダメ」と厳しい愛情である父性愛をもって社会のルールを教えていくのです。

父性愛は、一般的に「子に対する父としての自然な愛情」という意味ですが、私は「厳しさの愛情」と定義しています。厳しくといっても、いきなり強く叱りつけるというわけではありません。相手は生まれてからまだ数年しかたっていない子どもです。

例えば、社会のルールを破る行動をしてしまったとしても、それは意図的にルールを破っているわけではなく、ルールを知らないからというケースがほとんどです。知らないということは悪いことではありません。その段階では、子どもにどうすればよいのかを優しく教えます。知らないのだからできないのは当たり前だと考えれば、親も冷静に接することができるはずです。しかし、何度か教えられてルールを理解しているにもかかわらず、そのルールを破った場合は「ダメなものはダメ」と厳しく叱ってあげる必要があります。その時に子どもは初めて自分の思いどおりにならないという困難に直面し、フラストレーションを感じながらその対処法を覚えます。こうして、子どもは状況に応じて、自分の感情や欲求を制御しなければならないという社会性の基礎を身につけ始めます。

やがて、子どもも社会のルールを理解するようになり、ルールに従って行動できるだけの力がついてきます。子どもがルールに従って行動できていればそのまま見守りますが、本当はできるのにもかかわらず意図的にルールを破ることがあればそこで叱ります。そうすることで、状況によって自分がどう振る舞うべきかという空気を読む力や、社会に出て必要になる「破ってはいけないルール」を守る感覚が身についていきます。このように社会性を育む上で重要な父性愛に基づく「叱る」という行為はとても大切です。しかし、男の子を育てているお母さんに多いのですが、自分がほとんど叱られてこなかったので、子どもを叱ることに抵抗があるという人がいます。女の子は男の子に比べると、親の言うことをよく聞いてルールに従って振る舞う傾向があるので、ほとんど叱られずに育ったというお母さんも珍しくありません。しかし、男の子を育てていく上では、厳しく叱ることが必要になる場合も多くあります。

母性愛や父性愛という話をすると勘違いされることがあるのですが、母性愛は母親しか注げないわけでもなければ、父性愛は父親しか注げないわけでもありません。理想は両親がともに母性愛を全力で注ぎ、適度に父性愛を注ぐという状況です。

子育てにはいろんな要素が絡んできますが、生まれながらに持つＤＮＡと親がどんな背中を見せるか、そして親がどう関わるかという３つが大きな影響を与えます。父性愛を注げていない親から、子どもへの声かけの仕方についてよく聞かれるのですが、本当に大切なのは声かけの仕方などではなく、親が毅然とした態度でどう関わるかです。そのうえで親自身も子どもに注意したルールを守るなど、一貫性のある姿を見せることが、子どもへの良い教育になります。

子どもの心の土台をつくるのは学校教育ではなく家庭教育

最近は共働き家庭も増えて、0歳のときから保育園に通わせているというケースもあります。そのような状況で、母性愛を十分に注げているのかと心配する人もいます。特に、早朝保育や延長保育を利用していると、子どもと関わる時間は非常に限られてきます。

ただ、ここで大事なのは、母性愛を十分に注がれているかどうかは子どもが判断しているということです。例えば、どんなに長い時間を一緒に過ごしていても、ただ子どもと同じ空間にいるだけで、母親はスマートフォンをずっと触っているというような環境では、子どもは自分のことは大事じゃないから興味がないんだと認識して、自分は愛されていないと感じてしまいます。重要なのはどれだけの時間を一緒に過ごしたかではなく、「生まれてきてくれてありがとう」という心からの気持ちを、子どもにどれだけ伝え、表現できているかということです。

よくあるのは、きょうだいがいる家庭で、親としては均等に十分な愛情を注いでいるつもりでも、子ども本人はそう思っていないというケースです。

ある家庭では、兄が病弱で、弟はめったに風邪もひかないくらい丈夫でした。そのきょうだいのお母さんは、病弱な兄のほうを常に気づかい、病気をするたびに一生懸命に看病してきたので、弟よりも兄のほうに十分に手をかけたつもりでいました。しかし、成長してからお互いの本音を話してみると、兄は自分が病気で寝込んでいるときにお母さんと弟が楽しそうに遊んでいる姿がうらやましかったのだと言います。お母さんが弟と接するときには楽しそうにしている半面、自分と接するときにはいつも困った顔をしていて、自分はお母さんをいつも困らせてしまう要らない存在だと感じていたそうです。

子どもはまだ人生経験が浅いため、このような行き違いが起こりがちです。親はそのことを理解した上で、母性愛を注いでいく必要があります。母性愛を十分に注ぎ、それを子どもがきちんと受け取れたかどうかで、子どものその後の人生に大きな影響をおよぼします。

母性愛を注ぐのは、学校教育でできることではありません。親だからこそできることであり、そうやって子どもの心の土台は家庭教育でつくられるのです。

親には4つのタイプがある

子育てには厳しさの愛情と優しさの愛情の両方が必須ですが、両方兼ね備えている親もいれば、どちらか一方に偏っている親もいます。そして、その特性によって子どもに対する接し方は異なります。

(1) 優しさと厳しさを併せ持つ親

このタイプは母性愛と父性愛のバランスの良い親で、次のような特徴があります。

- 厳しいが温かく関わる
- 子どもに対する反応が良く、高い期待をする
- 教えることでしつけをする

このタイプの親の特徴の一つに、高い期待をするということがあります。ここでいう期待とは、子どもに一方的な自分の理想像を押し付けるネガティブな期待とは異なり、子どもの未来の可能性を信じるポジティブな期待です。

ネガティブな期待とは、例えば受験する学校について、親戚や近所の同級生よりもランクの高いところを目指してほしいとか、親がプロ野球選手を目指していたけれどなれなかったから子どもにはどうしてもプロ野球選手になってほしいというような、親の強迫観念からくる過剰で前向きではない期待です。あとに解説する（3）の、優しさはないが厳しい親によくみられがちで、子どもに期待しているのではなく自分の

コンプレックスを解消しようとしているだけにすぎません。

優しさと厳しさを併せ持つタイプの親は、子どもが「期待されてうれしい」「親に信じてもらえてうれしい」と感じるような期待をもちます。そうすると子どもは自ら挑戦し、前向きに物事に取り組んで、成功体験を積んでいくことができます。

また、このタイプの親は頭ごなしに叱るのではなく、教えることでしつけをしていきます。子どもが小さいうちはまだ何も知らない状態なので、親が子どもに社会のルールを教えていく必要があります。さらに、子どもが成長していろんなことが分かるようになったら、親が教えこむよりも質問によって自分で気づかせるようにしていきます。そうすると、ただ叱られるよりも身につけてほしい内容が子どもの心に残ります。

このような親のもとで育つと、子どもはホンモノの自己肯定感を自然に身につけることができるため、独立心があり、自己主張も適度にできるようになりますし、ルールを破るとどうなるかをきちんと理解できます。

(2) 優しいが厳しさのない親

優しいが厳しさのない親というのは、父性愛が欠如している親です。このタイプには次のような特徴があります。

- 温かいが厳しくない
- 子どもとの会話は多いが甘やかす
- 対立を避けようとし、親のルールを守ることを強く求めない

このタイプは母性愛があっても父性愛のない親です。このタイプの親に育てられると、子どもは自己評価が高いけれど衝動的になることが分かっています。父性愛が欠如すると感情のコントロールができず、周囲の人の気持ちを思いやることが不得意になります。そのため、わがままな子になりやすいのです。

わがままな子というのは集団の中でいじめる側になることもありますし、集団から仲間外れにされやすくもなります。そのため、学校でトラブルを起こしたり、トラブ

ルに巻き込まれたりしやすく、大人になってからアルコールやドラッグなどの依存症になりやすいことも分かっています。

このタイプの親に育てられた子が衝動的なのは、父性愛が欠如していたために感情のコントロールをする訓練ができていないからです。子どもの脳は感情や欲求のコントロールをする部分が未発達なので仕方ない面もあるのですが、適切に訓練をしていかなければ、いつまでたっても感情のコントロールが苦手なままになってしまいます。感情や欲求をコントロールできない状態のまま、大人になってお金を手にすることで、アルコールやドラッグなどに溺れてしまう確率が高くなるというわけです。

(3) 優しさはないが厳しい親

優しさはないが厳しい親というのは、親が子どもに一方的に指示や命令をして、有無を言わせず従わせるタイプです。このタイプの親には次のような特徴があります。

- 厳しくて温かみがない

- 厳格なルールを設けている
- 説明なしに命令に従うことを子どもに期待する

母性愛が不足している親はこのタイプにあてはまることが多いです。しかし、母性愛が不足しているからといって必ずしもこのタイプになるわけではありません。子どもにきちんと説明することなく、親の命令に従うことを期待して、親が完全に子どもをコントロールしているかどうかもこのタイプかどうかを見極めるポイントとなります。

このタイプの親のもとで育つ子どもは、お行儀は良いけれど自制心の発達が遅れます。また、道徳的な判断力も劣るということが調査で明らかになっています。

お行儀が良くなるのは父性愛を注がれているからです。つまり、家庭内にルールがあって厳しく徹底されているからなのですが、その環境でなぜ自制心の発達が遅れるのかというと、親が子どもを完全に制御しているからです。

自制心というのは、自分を制御する心のことです。このタイプは親が子どもを制御するので、子ども自身は自分で自分を制御する訓練をすることなく育ってしまいます。そのため、自制心の発達が遅れるというわけです。

子どもを制御するために親が考え、子どもに情報をインプットしてロボットのように命令どおりに動かしていれば、親はストレスが少なくて済みます。だからといって、親が命令して子どもを動かすというやり方を続けていれば、子どもは自分で考えることをせず、自制心を身につけることもできません。さらには、自分で考える訓練をしていないため善悪の区別も甘く、道徳的な判断力も育ちません。

（4）優しさも厳しさもない親

子どもに対して優しさもなければ厳しさもないというのは、子どもに無関心で育児放棄をしてしまうタイプです。無関心な親に育てられると、子どもは非行に走りやすくなり、放っておくと手がつけられないようなひどい荒れ方をします。

4つの親のタイプ

(1) 優しさと厳しさを併せ持つ親 • 厳しいが温かく関わる • 子どもに対する反応が良く、高い期待をする • 教えることでしつけをする	**(3) 優しさはないが厳しい親** • 厳しくて温かみがない • 厳格なルールを設けている • 説明なしに命令に従うことを子どもに期待する
(2) 優しいが厳しさのない親 • 温かいが厳しくない • 子どもとの会話は多いが甘やかす • 対立を避けようとし、親のルールを守ることを強く求めない	**(4) 優しさも厳しさもない親** • 子どもに無関心で育児を放棄している

親が自分に関心がない中で育つので極端な愛情不足の状態にあります。しかし、親が危機感を持ち覚悟を決めて母性愛をしっかり注げば改善することもあります。

親は自分自身がこの4つのタイプのどれにあたるのか、子どもへの接し方を振り返って自己分析をしてみることが大切です。

第3章

大切なのはどちらか一方に偏らないこと

「優しさ」と「厳しさ」のバランスを意識した子育てとは

すべての土台となる母性愛

ホンモノの自己肯定感を育むために必要な母性愛と父性愛ですが、特に母性愛は早くから注いでおくことがポイントです。なるべく子どもの年齢が低いうちに母性愛を十分に注いでおかないと、子どもはありのままの自分で愛されているという確固たる自信を持つことができません。その状態で父性愛をもって社会の規範を教えようとすると、子どもは「自分はお母さんにとって大切じゃないからこんなに厳しくされるのだ」「やっぱり自分は愛されていないのだ」と受け取ってしまうことになります。ひどい場合は、「自分は不要な存在だからひどいことを言うのだ」などと自分の存在自体を否定するような意味付けをしてしまいます。

そのためまずは十分に母性愛を注ぐことが最優先です。母性愛によって子どもが安心できる感覚を養ってから、父性愛を注ぐという順番です。

これまで母性愛が不足していたと自覚した親が、これではいけないと母性愛を注ぎ始めると、子どもがわがままになるという現象が高い確率で起きます。しかし、それは通らなければならない道なのだと思って、途中でやめることなく母性愛を全開で注ぎ続けてください。

子どもに母性愛を注ぐのは早いに越したことはありませんが、遅すぎるからといって悲観する必要もありません。

ある男子高校生は、不登校で自分の部屋に引きこもりがちになっていました。息子への母性愛不足を自覚したお父さんは、毎朝、子どもがベッドに寝ているところへ入っていき、嫌がる息子を羽交い締めのようにして抱きしめ、「生まれてきてくれてありがとう」と愛情を言葉と行動で伝えるようにしたそうです。嫌がられても力ずくで続けていたところ子どもの様子が変わっていき、学校にも行けるようになったとうれしい報告を受けたこともあります。もちろんお母さんも全力で愛情表現をしたので、両親の深い愛情が行動から伝わったのだと考えられます。

このように、大きくなってからでも母性愛を注ぐことはできます。ただ、幼稚園の子どもを毎日抱きしめるのと、思春期の子どもを毎日抱きしめるのでは、明らかに難易度が異なり、やり切るには親にも相応の覚悟が必要になります。そのため、できるだけ早いうちから母性愛を十分に注いでおくことが大切です。

母性愛が不足していると子どもは親に過剰に合わせようとする

十分な母性愛を受けられずに育った子どもは、ありのままの自分を受け入れられているという感覚がないので、親の顔色をうかがって行動するようになります。つまり、親の好みに過剰に合わせようとするのです。母性愛が不足している子どもには、次のような特徴が見られます。

- 自信がない
- 場の空気や人の顔色に敏感
- 挑戦することを恐れる
- 失敗したときに必要以上に自分を責める
- 他人本位で自己主張が苦手
- 真面目
- 過度に「～しなければならない」と考える

この特徴の中で、空気を読めることや人の顔色に敏感であることは、社会で活躍していくうえで間違いなくプラスに働きます。しかし、これからの時代に自分に自信が持てずに挑戦に対して臆病であると、時代の変化に対応できずに取り残されてしまう恐れがあります。

母性愛不足によって自己肯定感が低くなってしまった人の中には、過剰に自信満々に振る舞うタイプもいます。ハイブランドの洋服や小物などをこれ見よがしに身につけたり、特に思い入れのあるわけでもない高級車を乗り回したりという行動は、自己肯定感が低いことの裏返しです。これらは、ブランドの力を使って、自分は重要な人間なのだと誇示しようとする行動です。また、異常に勝ち負けにこだわることもあります。勝負に勝つことで自分の価値を示そうとしているのです。

経営者などで、自分が価値ある人間だと示そうとするのが原動力となって、経済的な成功を手にしている場合もあります。ただ、いくら成功してもどこかむなしさを感じたり、ふとしたときに何のために頑張っているのか、自分の存在理由に疑問を抱いたりする人も少なくありません。

母性愛が不足しているかどうかは、子どもの雰囲気を見ると一目で分かります。自信がなさそうで、発言するときの声も弱々しく、全体的に元気がありません。

そういう子どもに対して、親が毎日抱きしめて「生まれてきてくれてありがとう」と心から伝え続けると、子どもは劇的に変化します。か細い声で、自分の意見をなかなか口にできなかった子どもが、大きな声で自分の考えを堂々と言えるようになるのです。

母性愛が不足している子どもの親に、毎日抱きしめるように伝えると「抱きしめ方が分かりません」という人がいます。自分自身が母性愛を受けずに育ったので、どうしたらよいのか分からないというのです。無理に抱きしめようとしたら、自分のぎこちなさが子どもに伝わってしまうのではないかと思って怖いという人もいます。

自分自身が母性愛を得られなかった人は、母性愛を得られないつらさを誰よりも知っているはずです。最初はぎこちなかったとしても、やり続けていくと自分自身の感覚が変わり、子どもにも変化が出てきます。子どもに変化が出たらそこでやめるのではなく、さらに続けていくことで、状況はどんどん好転していきます。

不足している親が多い父性愛

母性愛を十分に注いでいれば、子どもの心は安定します。その上で父性愛を注げば、子どもに社会性が身につきます。母性愛と父性愛を適切に注ぐことができていれば、子どもは適切なタイミングで親離れしていきます。

しかし、いくつになっても親離れや子離れができない親子もいます。親がそろそろ子離れしなければなどと、子どもとの距離感を意識しなければならない時点で父性愛が不足している可能性があります。父性愛が不足していると、親子の関係は友達同士のようになります。

OECD（経済協力開発機構）が2018年に世界186カ国の中学生を対象に行った調査によれば、親を尊敬している子どもの割合が日本は極端に低いことが分かりました。50％でも異常値だとされる中、日本人は親を尊敬しているかという問いに対してYESと答えた人の割合は約20%で、最下位でした。

尊敬はタテの関係にあるときに起こる感情です。もし、親のことが好きかという質問であれば、もっと多くの子どもがYESと答えたはずです。しかし、質問に「尊敬」というキーワードが入るとこれだけ数字が下がるのです。これは、今の日本でいかに父性愛が欠如しているかを表す数字でもあります。

父性愛を注いでいくうえでは、親の背中をどう見せるかが大事です。言葉で叱る以外に、行動で示すという方法があります。そのときに、お母さんが「お父さんはすごいんだよ」と話したり、逆にお父さんが「お母さんは素晴らしいんだよ」と話したりすることで、自分の親はそんなにすごい人なんだと子どもが認識し、親の背中から学ぶと同時に子どものセルフイメージが上がります。セルフイメージとは自己認識ともいい、自分自身が抱く自らに対するイメージのことです。

よくやってしまいがちな悪い例が「そんなことをしていると、お父さんみたいになっちゃうよ」というような叱り方です。そうすると、子どもが「自分はそんなダメな人の子なのか」とセルフイメージが下がってしまいます。親は何気なく言っていても、子どもに与える悪影響は大きなものがあります。

父性愛を注ぐのも早いほうがよい

父性愛は子どもが社会性を獲得するのに欠かせません。父性愛によって子どもは社会のルールを学び、社会でどう振る舞えばよいのかを身につけていきます。いわば社会に出るための準備です。

父性愛の不足は、セルフコントロールの訓練不足と言い換えることができます。もし父性愛を注いでこなかったという自覚があるなら、今すぐ父性愛を注ぎ始める必要があります。

その際は、母性愛がしっかりと足りていることが大前提です。母性愛や父性愛が足りているかを判断するには、子どもの状態を見ます。自分がこれまでどのように子どもに接してきたかではなく、子どもの今の状態に答えがあります。

親の顔色を見て、言いたいことやりたいことを我慢するような傾向があれば、母性愛が不足している可能性があるので、まずは子どもが親の顔色を気にせず、ある程度言いたいことを自由に言えたり、自由に行動できたりするようになるまで母性愛を全開で注ぎます。その上で、約束したルールだけはしっかり守らなければならないと理解させます。

その際は夫婦で話し合い、どこで線引きをするかをすり合わせておきます。親に一貫性がなかったり、決めたことを守らなかったりすると、それは約束を破っても良いとか、ルールを守らなくても良いと教えているようなものです。

そうやってきちんと父性愛を注いでいくと、子どもには確実に変化が出ます。ある小学1年生の子どもは、お母さんに叱られた日の夜、ベッドに入って寝る前に母親に向かって「お母さん、今日は叱ってくれてありがとう」とぽつりとつぶやいたそうです。

これは、母親が叱ったという行為について、自分のために言ってくれたのだと正しく受け取り、感謝できる段階にまで内面が成長しているということです。小さな子どもでも、そういう厳しい愛情があることを理解する力があるということでもあります。

父性愛を注ぐのも子どもが小さいうちに始めてください。効果も上がりますし、年齢が上がると、それにつれて決めたルールに従うなどのセルフコントロールが難しくなるからです。

中には叱り方が分からないと悩む親もいます。武道などの習い事をさせて先生に叱ってもらうのも一つの手ですが、最近では厳しく指導してくれる習い事を探すのも大変なのが現状です。地域社会からも父性愛が消えつつあるので、子どものためを思えば、親が頑張らなければなりません。

社会に出てルールを破ると何かしらの形で社会的制裁を受け、最悪の場合は刑事罰を受けます。だからこそルールを守ることに対してストレスを感じる状態は危険であるといえます。もちろん多くのルールで過度に縛り付けることは不自由さや苦しさのもとになりますが、ルールを軽んじすぎることも問題なのです。
つまり、父性愛は社会に出るためのトレーニングであり、これを怠ることこそが子どものためにならないのだと考えて、母性愛をしっかり注いだあとは、適度に父性愛を注ぐようにすることが大切です。

父性愛が不足していると子どもは親を振り回す

子どもの気持ちを過剰に尊重しすぎて親が子どもに合わせてばかりいると、子どもはそれが当たり前になってしまいます。親が自分の要求を叶えてくれるので、自由に振る舞いすぎる傾向があり、次第に親を振り回すようになります。父性愛が不足している子どもには、次のような特徴があります。

• 自信があるようにみえる

・過度に自分の権利を主張する
・心が折れやすい
・怖がりで受け身
・空気が読めない
・過度の他責思考
・自分本位で自己中心的
・感情のコントロールが苦手
・被害者意識が強い

これらの特徴がありますが、いくら厳しく叱り続けても子どもに改善がみられない場合、「発達の特性」が原因である可能性も否定できません。そのため、父性愛不足のために身についていないのか、発達の特性のためにできないのかをはっきりさせる必要があります。というのも、父性愛の不足と発達の特性では、対策がまったく別のものになるからです。

発達に特性のある子どもに父性愛不足の子どもと同じ対策を無理強いしてしまうと、「できない」ということが本人のセルフイメージを下げてしまう恐れがあります。

感情のコントロールができないなどの場合、病院で専門家に検査してもらうのがいちばん確実ですが、今は診察の予約をとるだけでも大変で、実際に診察を受けて診断されるまでに数年かかることもあります。そうこうしているうちに子どもはどんどん成長していきます。

もし、一度厳しく言ってみて改善するようなら、それは父性愛の欠如による訓練不足です。一方で、何度か厳しく注意しても改善する気配がなく、幼い頃から育てにくさを感じていたなどの心当たりがあれば、一度受診して医師の診断を仰いだほうが良いかもしれません。

原因が発達特性の場合は、そもそも「できない」ということを受け入れなければなりません。例えば、脚に障がいのある子どもに走れと強要することはしませんし、その障がいを受け入れた上で補助器具などを使い、どうやって社会で生きていくかの訓練をしていきます。それと同じで、発達特性のためにできないことを受け入れ、社会の中でどうやって適応していくのかの訓練をしていく必要があります。

一方、父性愛不足の場合は、訓練して鍛えていく必要があります。脚の筋力不足で速く走れない子に、筋力をつけさせて走れるように訓練していくのと同じです。もし、筋力不足の子に補助器具を使うという対処をしてしまえば、本来は訓練次第で筋肉をつけることができるのに、その機会を奪ってしまうことになります。

自分の子どもをよく観察したとき、感情のコントロールが苦手だとか、自分本位でわがままだとかいう傾向がみられた場合には、まず父性愛欠如の可能性を考えます。なぜかというと、発達特性の可能性がある場合、保育園や幼稚園、学校などの先生かすでに指摘されていることが多いからです。普段、自分の子どもしか見ていない親が気づけないことでも、多くの子どもたちを見てきた先生方はすぐに気づくものです。「もしかしたら、発達障害の可能性があるかもしれないので、念のため検査してみたらいかがですか？」と、やんわり言われるようなときは、先生は「この子は発達障害だろう」とかなりの確信を持って言っているはずです。

父性愛を注げているかの基準は、家庭の中に一貫性のあるルールとペナルティーがあるか、それがきちんと実施されているかどうかです。

しつけは保育園や幼稚園でしてもらえるとか、成長するにしたがって自然と適切な振る舞いが身につくと考える人もいますが、そんなことはありません。家庭で親が社会のルールを教えていく必要があります。

例えば、学校で先生が話をしているときに、頬杖をついて、先生から呼びかけられてもまともに返事もせず、つまらなそうに聞いている子がいたとします。このような態度では、社会に出たときにどんなに高いスキルを持っていたとしても、周囲と協力して仕事をしていくことは難しいはずです。

そういう子どもは、おそらく家でも同じような態度をとっているはずです。小さい頃に親がその態度について「まだ幼いから」と大目に見て叱らなかったために、それが当たり前になってしまっている状態というわけです。

父性愛が不足していると子どもは社会に適応できなくなる

父性愛が不足したまま育つと、家庭では自分の要求がほとんど通ってきたので、我慢することに慣れていません。そのため、自分の感情や欲求をコントロールする訓練が不十分で、周囲と折り合いをつけて仲良くやっていくことが難しくなります。また、親が子どもに合わせすぎてきた場合は、子ども自身が周囲の空気を読んで行動することが上手にできません。その結果、周囲と足並みをそろえることができず、集団の中で浮いてしまうことになります。父性愛を注がれずに育った人は自信満々なように見えますが、厳しく叱られた経験が乏しいので、ちょっとしたことで傷つきやすく、心が折れてしまいやすいという側面があります。そのため、成長してから新型うつになる可能性が高いことも示唆されています。新型うつは、自分のやりたくないことに関してはうつ状態になるものの、自分のやりたいことには取り組めるというタイプのうつ病です。

父性愛が不足したまま育った子どもは社会に適応するのが難しくなります。男女の生物学的な違いがあるので、女の子のほうが父性愛の不足が問題になりにくい傾向はあります。しかし、だからといって父性愛がまったく必要ないわけではありません。どんな状況や立場でも絶対に自分の意見を曲げない子に育ってしまうと、特に日本の社会では孤立しやすくなってしまいますし、結婚したときに夫婦関係などで問題が出る可能性も考えられます。

男の子の場合はより問題が大きくなりやすいので、父性愛をきちんと注ぐ必要があります。父性愛が不足していると子どもは家庭の中で自分がボスだと認識してしまいます。子どもに「ダメなものはダメ」と親が厳しく教えることなく、子どもの要求に折れるということを繰り返しているからです。そのため、自分が指示する側の立場になったときには力を発揮し、自ら起業して経営者として成功する例も中にはありますが、それは非常にまれであり、人から信用を得て成功し続けられる可能性はさらに低いといえます。

父性愛を注げていない親には2種類あって、そもそも父性愛を注ぐことができないタイプと、できるけれどやっていないタイプがあります。

私も10年以上にわたって子どもの教育に携わってきて実感しているのですが、父性愛を注ぐことができない人は一定数存在します。それはどんな人かというと、母性本能が強過ぎる人です。母性本能の強さには個人差があります。動物の世界でも、自分の身をていして子どもを外敵から守る母親が見られますが、人間でも子どもを同様に守りたいという気持ちが人一倍強い人がいます。そういう人は子どもを叱ることができません。子どものことがかわいすぎて、きつく叱れないというのです。それは、おじいちゃんやおばあちゃんが孫を叱れないという感覚に近いものがあります。この数年の間にも、このタイプが増えてきているという実感が私にはありますし、企業研修で関わる人事関係の皆さんも同じように感じているようです。

それには少子化の影響があると考えられます。昔から一人っ子は甘やかされる傾向がありましたが、最近は少子化によって一人っ子の家庭が増えて、厳しくできない親が増えている可能性があります。

また、晩婚化の影響も考えられます。年齢を重ねてから授かった子どもは幼く見え、なかなか厳しくできないものです。

父性愛を注げないタイプの人は、お父さんやおじいちゃんなどの力を借りるのも一つの手です。本来は、お父さんもお母さんも母性愛を全開で注ぎ、父性愛も適度に注ぐというのがベストです。しかし、それが無理な場合には役割分担せざるを得ません。お父さんが父性愛を担当するなら、まず子どもに「生まれてきてくれてありがとう」と伝えて抱きしめ、十分に母性愛を注いだ上で、父性愛を注ぐようにします。

父性愛を注げる力はあるけれどやっていないというタイプは、子育てはこうあるべきだという思い込みに縛られていることがほとんどです。父性愛を注げていない親の大半がこちらのタイプで、例えば、子どもを叱ってはいけないとか、子どもに厳しく接するのは良くないという思い込みをもっていることがあります。その思い込みが間違ったものであると認識して考えを改めれば、父性愛を注ぐことができます。

父性愛を注ぐにあたって、子どもをどうやって叱ればよいかと聞かれることがよくありますが、大事なのは叱り方ではなく、親と子どものタテの関係を整えることです。父性愛が欠如したまま育っている子は、親子関係が友達関係のように対等になっており、ひどい場合は上下関係が逆転し、子どもが上で親が下という関係になっています。

動物の群れを思い浮かべると分かりやすいのですが、動物たちは自分より下だと思っている仲間の指示を聞くことはしません。人間の子どもも、自分がいちばん上だと認識してしまうと、自分と対等もしくは下の立場と認識している親の言うことを聞かなくなります。これはそのように認識させる関わり方をしてきてしまったことが問題であって、叱り方のようなノウハウの問題ではありません。

子育てにおいて、親のほうが立場が上なのだと子どもに認識させるには、大事な場面で最終的に折れるのは子どもの側であるということを徹底することです。もちろん、子どもがある程度のわがままをいうのは構いません。しかし、あらかじめ決めておいた一線を越えたら親は絶対に折れないようにします。そうすると、子どもは一線を越えたとたんに親の雰囲気がいつもと違うことを感じ取ります。このラインからは親に従うべきだと認識すれば、子どもはその領域についてはちゃんと従うようになります。

その線引きの基準としては、礼儀に関することやうそをつかないという倫理的なことなど、それを許してしまうと、子どもの人生に悪影響をおよぼすと考えられるかどうかです。

うそをつくことはだめだとは多くの親が共通して考えることですが、礼儀については人によって差が出るところです。礼儀というのは相手を尊重する気持ちが行動に表

母性愛・父性愛が不足している子どもの特徴

母性愛が不足している子どもの特徴
• 自信がない
• 場の空気や人の顔色に敏感
• 挑戦することを恐れる
• 失敗したときに必要以上に自分を責める
• 他人本位で自己主張が苦手
• 真面目
• 過度に「〜しなければならない」と考える
父性愛が不足している子どもの特徴
• 自信があるように見える
• 過度に自分の権利を主張する
• 心が折れやすい
• 怖がりで受け身
• 空気が読めない
• 過度の他責思考
• 自分本位で自己中心的
• 感情のコントロールが苦手
• 被害者意識が強い

れたものです。あいさつの仕方やお辞儀、人の話を聞く姿勢など、さまざまなところに相手を尊重する気持ちが反映されます。礼儀というのは型ではなく心の問題だと私は考えています。どんなに能力が優れていても、人に嫌われたらチームで仕事はできません。一人の力には限界があります。将来、子どもが社会に適応して活躍できるようになるためには、父性愛によってしつけをすることが大切なのです。

母性愛と父性愛をバランスよく注ぐことで子どもの土台が整う

母性愛を全力で注いだうえで父性愛を適度に注いでいくことで、子どもはホンモノの自己肯定感を持ち、自分の望む人生を切り拓いていく力を身につけていきます。近年、母性愛は十分に注がれて育っているのに、父性愛が不足していたために社会に出てから苦労する若者が増えています。

そういう話をすると、自らの育児に父性愛が欠けていたことに気づいて、急に子どもに厳しく接しようとする親がいますが、大事なのはバランスです。母性愛だけでもだめですし、父性愛だけでもだめです。母性愛と父性愛の両方をバランスよく注いでこそ、子どもが幸せな人生を送るための土台をつくることができるのです。普段はすごく優しいけれど、約束やルールを破ったときには厳しく接するというように、２つの人格を使い分けるイメージです。

基本的には、親は子どもに全面的に優しく接し、子どもはのびのびと振る舞っていて構いません。しかし、親が譲れないポイントについて子どもが一線を越えたときには、一貫して厳しく叱るようにすることです。そうすると、子どもは普段とても優しいお母さんがあんなに怒るなんて、なぜだろうと考えます。そうやって子どもに考えさせて、「お母さんはなんであんなに怒ったと思うか言ってみて」と子どもの口から言わせます。そのうえで、「あなたのことを心から大事に思っているから叱ったんだよ」ときちんとフォローします。

このケアが非常に大切です。幼い子どもは、親の意図を必ずしも正しく受け取っているとは限りません。きちんと言葉にして伝えることで、「自分のことが嫌いだからお母さんはあんなに怒ったんだ」などと子どもが曲解することを防ぐことができます。その上で、次からはどうすればよいかという話をし、子どもの口から「次からはこうする」と約束させるところまでが1セットです。

父性愛の話をすると、「うちは厳しくしているので大丈夫です」という人がいます。しかしよく聞いてみると、ただ口うるさく言っているだけで、子どもをルールに従わせることができていないということがよくあります。

例えば、リビングを散らかしたら自分で片付けるというルールになっていたとします。母親は厳しく注意しなければと考えて、「早く片付けなさい！」と何度も声を荒らげて叱ります。しかし、子どもはいっこうに片付けるそぶりを見せません。時間ばかりが過ぎていきます。耐えかねた母親が「早く片付けなさいって言ってるでしょ！

もう、何度言っても分からないんだから……」と愚痴をこぼしながらリビングを片付け始めました。その様子を尻目に、子どもは何食わぬ顔をしています。

このような場面で、母親は何度も叱っているので、自分は子どもに対して厳しくできていると思っているかもしれません。しかし、ポイントになるのは子どもにルールを守らせることができたかどうかです。この例では、結局母親がしびれを切らして片付けてしまっており、親が折れた形になっています。子どもにルールを守らせることに失敗しているわけです。

しかも、口うるさく注意する親は、子どもにとって鎖につながれた犬がしきりにほえているようなものです。決して自分に害を与えないと分かっているものを、子どもは安全な場所から眺めているにすぎず、親がどれだけ叱ったとしても、子どもにはまったく響きません。しかも、最終的には親が根負けして子どもに合わせているのであれば、それは父性愛をもって子どもに接していることにはなりません。

その一方で、場面によっては子どもの考えや意見を尊重してあげることも大切です。今日の夕ごはんは何が食べたいとか、次の休みはどこへ遊びに行きたいとか、自由時間の使い方など、子どもが自由に考えて意思決定する感覚は大切にすべきです。

きちんとルールを守らせる場面では絶対に折れないようにし、子どもが自由に考えて意思決定してよい場面では子どもの意見を尊重するというバランスをとりながら接していけば、子どもは能力も高く、人格もしっかりした人間に育ちます。

父性愛を注ぐ際に、どれくらい厳しくすればよいのかは、多くの人が悩むところです。基準は、子どもの状態を見て考えます。どの程度厳しくするかは、一人ひとりの子どもの気質によって変わるからです。同じ親から生まれても、活発な子もいれば物静かな子もいます。ルールの細かさと、ルールを破ったときのペナルティーの強度をどの程度にするのかは、子どもの状態を考慮しつつ、子ども本人とよく話し合って決めるようにします。

第４章

2つの愛情をバランスよく注ぐ具体的な実践法

自らの子育てスタイルを把握した褒め方・叱り方

親が自分自身の育て方を疑い、見つめ直す

昨今特に多いと感じているのが「優しいが厳しさのない親」です。子育ての相談を受けていると「うちの子が～してくれないんです」という言い方をするお母さんが多くいます。「してくれない」という時、主語になるのは一般的には、立場が対等もしくは上の人です。つまり、自分と対等もしくは立場が上である子どもが、自分のお願いしたことをやってくれないと主張をしている状態であることに気づく必要があります。これは無意識のうちに子どもの立場のほうが上だと認識してしまっているということです。

そういうお母さんは、「私は子どもをちゃんと叱っています」などと言うことが多いのですが実は口うるさく注意しているだけで、決めたルールを一貫して守らせていなかったり、自ら例外をつくってしまったりして、子どもにはまったく響いていない

こともよくあります。

叱るときには、ポイントを絞って叱ることが大事です。他人に信用をされる人間に育つかどうかという観点から、ここまでは良いけれどここからは許せないという基準をしっかりと決めておきます。そして、一貫した態度で臨み、対応がブレないようにします。

お母さんが「うちの子が~してくれないんです」というケースのほとんどで、子どもに適切に父性愛を注げていません。こういう場合は、親自身がこれまでの育て方を振り返って見つめ直すことが大切です。そこで自分が父性愛を注げていなかったことに気づけるかどうかが、その後の子どもの人生を左右するのです。

親が子どもの前で避けるべきこと

子育てをする中でやってしまいがちな行動に、パートナーを悪い見本にして子ども

ダブルバインドとは

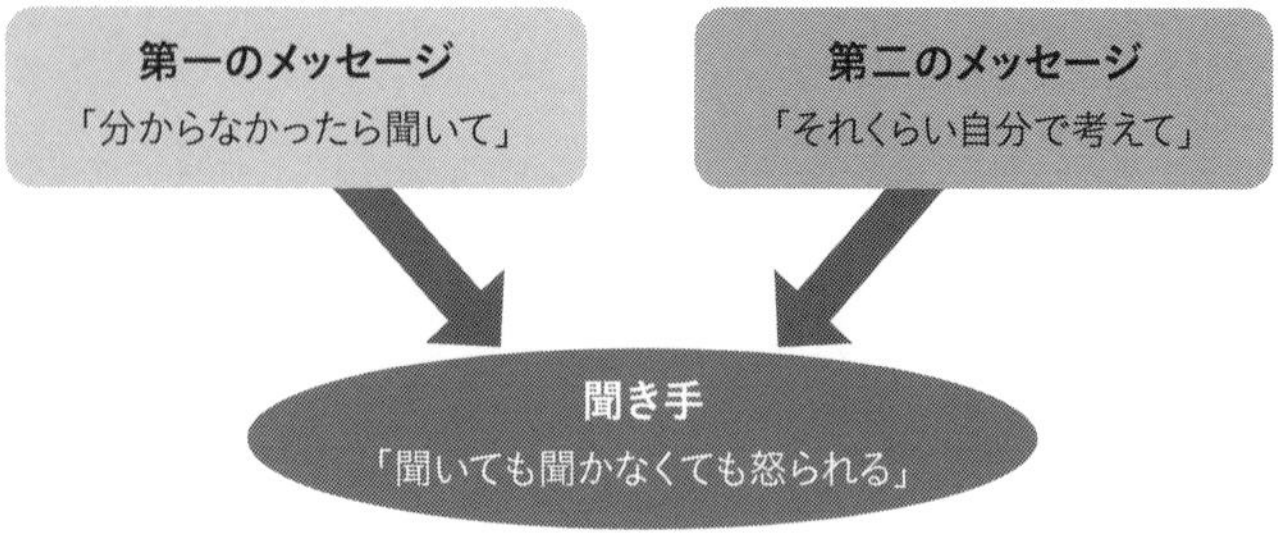

を叱ることがあります。「ちゃんと勉強しないとお父さんみたいになっちゃうよ」とか「お父さんはだらしなくてどうしようもない」とかいうように、親がもう一方の親のことを尊重していない発言をすると、子どもに心理的な不安定さを引き起こします。

これはダブルバインドといって、コミュニケーション能力の成長を阻害することが指摘されています。

ダブルバインドは2つの矛盾するメッセージを出すことで、大人の世界でもよくあります。例えば、職場で部下に「分からないことがあったら聞いてね」と言っておきながら、実際に部下が質問に来たら「こんなことも分からないの？　自分で考えて」と突き放すようなことです。部下は分からないことがあったときに上司に聞けばいいのか、自分で考えるべきなのかという2つの選択肢の間で混乱します。

親子関係におけるダブルバインドは少し意味合いが異なります。

私がこれまでに接した中で、お父さんの悪口をよく言う小学校高学年の女の子がいました。なぜお父さんのことをそんなに悪く言うのか疑問に思い、私は彼女に話を聞いてみることにしました。ひとしきり話してもらったところで、最後に私から「本当はお父さんのこと大好きでしょう?」と聞くと、その子はポロポロと涙を流しながらうなずきました。その子の場合は、お母さんがいつもお父さんのことを悪く言っていたので、お母さんに合わせていただけだということが分かりました。そうしないとお母さんに嫌われると思っていたのです。お父さんの味方をしてお母さんからの愛情を失うより、お母さんの味方になってお父さんを悪く言うことを選んでいたのです。

だから、パートナーについてどんなに腹に据えかねることがあったとしても、子どもの前で悪口を言うべきではありません。

基本的には子どもはお父さんのこともお母さんのことも無条件に大好きです。大好きなお母さんが大好きなお父さんのことを悪く言っているという状況は、一方の味方についたら、もう一方を否定することになるというものであり、自分自身の好きという気持ちとの間で板挟みになり、子どもを非常に苦しめることになります。

また、親がお互いを尊重しないことによって起きるダブルバインドは、子どものセルフイメージに影響が大きいものなので、特に気をつける必要がありますが、これ以外の一般的なダブルバインドにもさまざまな害があります。

アメリカの人類学者グレゴリー・ベイトソンらの研究によると、ダブルバインドは親子の信頼関係以外にも次のような悪影響をおよぼします。

●相手の感情を理解したり自分の感情を表現したりするスキルが育たない

ダブルバインドの状況では、相手が何を意図して発言しているのかを読み取りにくくなります。そのため、相手の感情を理解したり、自分の感情を適切に表現したりするスキルが育ちにくくなったりする可能性があります。

これらのスキルは円滑な人間関係を構築する上でも重要な要素です。親としては忙しいときなどに、無意識に矛盾したことを言ってしまうことがありますが、一貫したコミュニケーションを取るように意識することが大事です。

●言われたことを文字どおりに受け取ってしまう

コミュニケーションを取るときには、言葉以外にも表情やジェスチャー、前後の文脈などによって、発言の内容とは違った意味を含んでいる場合があります。しかし、ダブルバインドの状態にさらされて育った子どもは、言葉以外の意味合いを理解する能力に悪影響を受けるとされています。

例えば、友だちが笑いながら「私、絵が下手で困っちゃう」と発言した場合、その友だちは周囲を笑わせようとして自虐の意味で言っていても、ダブルバインドの状況で育った子どもは、その言葉を文字どおりに受け取ってしまい「本当に下手ね」と笑いながら言って、相手を傷つけたり怒らせたりしてしまうといった傾向があります。

●外部からの情報をシャットアウトしようとする

家庭内でダブルバインドが起きている状況は子どもにとって心地が良いものではありません。そのため、子どもは無意識に外部の情報をなるべく見聞きしないようにすることがあります。例えば、親と話すことを避けたり、自分の部屋から出てこなくなって会話が減ったりするという具合です。

これらのような悪影響を及ぼすダブルバインドを回避する方法として、米国・コロンビア大学の研究によると次の2つが挙げられます。

①明確なルールを決める

一つは、子どもとコミュニケーションを取る際に一貫したメッセージを伝えることです。子どもとの約束やルールを明確にし、その内容に沿って子どもに注意するようにします。また、自分たちの行動もルールに沿ったものにすることで、子どもは混乱せず、自分に何が期待されているのかを理解できます。その日の気分によって「今日は特別だよ」というような例外をつくるのは、子どもが混乱する元になるとされています。

②子どもが意見を素直に言いやすい雰囲気をつくる

親が無意識のうちにダブルバインドの状況をつくってしまうのを防ぐには、家庭内で会話をしやすい雰囲気をつくることです。子どもの意見を尊重し、子どもが素直に発言できるようにしておくことが非常に重要です。また、親自身も自分の感情や考えを適切に表現することで、子どもは感情の表現の仕方を学ぶことができます。

子どもは親の矛盾にはすぐに気づきます。もし、子どもに矛盾を指摘されたときに

「親に向かって偉そうに！」「親が言うことが正しいの！」などと、つい反射的に言い返してしまった場合、子どもは「自分が思ったことを言っても聞き入れられなかった」と感じ、本音を話さなくなるリスクがあります。そのため、親は自分が間違えたと思ったときには素直に謝罪したり、自分の感情を表現したりする必要があります。このような素直なコミュニケーションは、相互理解を深め、ダブルバインドの状況を防ぐことにつながるのです。

親の感情が子どもの心にブレーキをつくる

親がどのような感情で子どもに物事を伝えるかは非常に重要です。言葉と感情なら、子どもはどちらをより強く受け取るかといえば感情です。いくらネガティブなことを言っても、親が笑顔で言っていれば、子どもはさほど傷つきません。

つまり子どもと接する際に、親が感情をコントロールできる状態であることが非常に大切なのです。ここからは感情をコントロールする5つの方法を説明していきますが、すべてをやろうとする必要はありません。自分に合うものを選んで使うようにします。

具体的な説明を読む前に、子どもに対してイライラしたり、不満を感じたりする状況を3つ思い浮かべておきます。具体的な例を挙げるのではなく、大体このパターンのときに腹が立つというようなことで構いません。

子どもに対するイライラや不満を過剰に感じるのは、子どもに悪影響があるのはもちろんですが、親自身の心身にとっても良くないことです。不満を感じると、副腎からコルチゾールというストレスホルモンが分泌されます。これは本来、体に必要なホルモンなのですが、過剰に分泌されると非常に害があります。代表的なものとしては、脳細胞にダメージを与えるということがあります。特に記憶をつかさどり、感情を暴走させないブレーキとしても働いている海馬の神経細胞が萎縮することが分かっています。そのダメージによって感情の抑制が利かなくなり、さらに不満が増大するという悪循環に陥ります。親自身の健康のためにも、不満を減らしておくに越したことはありません。

感情コントロール①

反応：瞑想と運動で脳を変えることで反応を変える

感情をコントロールするための１つ目の方法は、瞑想と運動をすることで自分自身の反応を変えることです。

まずは瞑想についてです。瞑想は名だたる経営者や超一流のスポーツ選手も取り入れており、近年ではマインドフルネスというスタイルで導入している会社もあります。瞑想すると脳に変化がおきるということはさまざまな研究によって明らかにされてきました。

理解力、集中力、記憶力、判断力、発想力などが高まることが分かっています。さらに他人を思いやる力が高まるほか、ストレス耐性の強化、睡眠の質の向上により免疫力が高まることも分かっています。

企業での瞑想を普及させた立役者はGoogleです。Googleで開発されたマインドフルネスというプログラムはさまざまな企業で導入されました。このプログラムに沿って8週間のトレーニングをすると、不安レベルがはっきりと下がるという結果が出ています。

また瞑想をすることで灰白質が増加して神経細胞の領域が増えるという研究もあります。灰白質とは神経細胞が集まっている脳の一部で、運動神経、反射神経、感覚神経をはじめ、記憶、思考力などの機能をつかさどるニューロンがあるといわれています。特に前頭葉や前頭前野と呼ばれる部分の灰白質は、主に感情のコントロールをする上で重要な役割を担っています。

ハーバード大学とマサチューセッツ大学医学部の研究者がマインドフルネス瞑想は脳にどんな影響を与えるのかを調べたところ、マインドフルネスをベースとした8週間のプログラムに参加した人々は、海馬の灰白質の密度が上がっていたといいます。海馬というのは脳の中でも記憶と関連していることがよく知られていますが、前述したとおり、感情の調整にも関わっています。そのため、海馬の灰白質の密度が上がれば、ストレスが抑制されやすくなり、感情が安定しやすくなります。

また、脳の扁桃核にも影響をおよぼします。人類はもともと外敵から身を守るために、瞬時に逃げるのか立ち向かうのかを判断しなければなりませんでした。そのため、人間の脳は緊急事態には視覚情報を大脳が正確に処理する前に、扁桃核が逃げるか戦うかの判断を下します。

人間は恐怖を感じる場面で、顔から血の気が引きます。このとき、血液が両脚などに向かうのは全力で危険から逃げ出すためです。また、怒りを感じたときには頭に血が上ります。同時にアドレナリンが急増し、戦いに備えます。このメカニズムは、文明が発達して外敵の恐怖から解放された今も変わっていません。

人間はストレスを感じると、ストレスホルモンとも呼ばれるコルチゾールの分泌が促されて、心身に影響を与えます。

そんなときに瞑想をすると、呼吸が深くなり、脈拍が落ち着いて心が穏やかになるのを感じられます。

また、瞑想することでネガティブな情報に鈍感になり、ポジティブなことに敏感になることも分かっています。

このように瞑想すると良いことばかりだという話をすると、子どもにもやらせてみようと考える人がいますが、子どもにとっておとなしくじっと座って瞑想するというのは罰ゲームのようなものです。本人がやりたがっているなら話は別ですが、あくまでも親の感情のコントロールに活用するにとどめたほうがよいと思います。

もう一つ、脳を変えるのが運動です。これも多くの機関で研究されていますが、運動すると脳全体の働きが向上するということが分かっています。運動によって側頭葉や前頭葉などの部位の連携が強化され、全体の働きが上がります。それによってストレスや不安が緩和されるとされています。運動量にもよりますが、きちんと運動すると抗不安剤を飲むのと同じレベルで不安が緩和されるという報告もあります。判断力も上がりますし、セルフコントロール能力も上がるとされています。また、学習能力が向上することも分かっています。思考のスピードが速くなり、集中力も高まります。

なぜそんな効果が出るかというと、トレーニングを継続することで海馬細胞が増加するからです。記憶をつかさどり、感情の抑制にも関係する海馬の細胞が増えると、イライラすることが減ってきます。

さらには、ストレスホルモンであるコルチゾールの血中濃度が下がり、脳の老化も抑制します。また、運動によって前頭葉の細胞も増えます。特に前頭葉の大部分を占める前頭前野はセルフコントロールをつかさどっているところで、人間性の領域ともいわれています。子どもは感情の中枢である扁桃体、そして快感や報酬を求める行動や意欲に影響を与える側坐核のほうが先に発達します。それに対して前頭前野が十分に成熟するのは25歳前後であるといわれています。その時間的な差によって、思春期の子どもは特に理由もなくイライラしやすくなります。子どもが大人のように自分を制御できないのは、基本的に脳の発達の面から見れば普通のことだと知っておくだけで、子どもに対して必要以上にいら立つことも減ります。

子どもに運動系の習い事をさせている家庭は多いと思いますが、このように運動系の習い事にはただその競技が上手になるというメリット以上のものがあります。瞑想と運動で脳を変え、目の前で起きる出来事への反応の仕方を変えることで、感情をコントロールすることができるのです。

しかしながら多くの親たちは子どもの幸せをいちばんに願いながらも、子どもが成長するにしたがって、どんどん欲張りになっていきます。周りの子どもと我が子を比べては、学校で良い成績をとってほしいとか、サッカーや野球などのスポーツやピアノなど芸術系の習い事で成果を出してほしいというように、目先のことにとらわれて必死になってしまう人も少なくありません。子どもたちはお父さんやお母さんのことが大好きなので、一生懸命に親の期待に応えて喜ばせようとします。しかし、親の期待どおりに活躍できる子もいれば、うまくできずに大きなストレスを抱えてしまい、能力を伸ばし自己肯定感を高めるどころかかえって自信を失い萎縮してしまう子どももいます。親が良かれと思って始めた習い事がかえって裏目に出る場合もあるので要注意です。

感情コントロール②

理解：イライラの正体を理解する

２つ目の方法は、イライラの正体を理解するというものです。

子どもに対してどんな時にイライラするかをいくつか挙げてもらいましたが、まずはその中でも特にイライラするものを一つ選んで、その場面を思い出します。そして、イライラしているときに私が「今、何が不安ですか？」と聞いたらどんな感じがするかを考えます。次に、同じ場面について「今、何が悲しいんですか？」と聞いてみたらどんな感じがするかを考えてみてください。

例えば何度言っても勉強しない子どもに対してイライラしているときに、何が不安かと聞かれると「成績が下がってしまうのではないかと不安」などといった答えが出てくるはずです。なぜなら、それが本当の感情だからです。

つまりいつも感じているそのイライラ（怒り）は本当の感情ではないのです。本当は悲しいのに怒りとして表現したり、本当は怖いのに怒りとして表現したりすることは、私たちが日常の中で普通にやっていることです。例えば、子どもの頃に「男のくせに泣くな」と言われて育ったお父さんは、本当は悲しいのをぐっとこらえて感じないようにしたり、怖いのを我慢したりして、その感情の代わりに怒りという形で表現するということがよくあります。

ネガティブな思考は考えれば考えるほど増えます。そのネガティブな思考がどんどん大きくなって、よりネガティブな思考へ引っ張られていきます。しかし内側にたまっているネガティブな感情は、感じると減るようにできています。悲しさでいっぱいになって、思い切り泣いたらかえってスッキリしたという経験がある人も多いはずです。それは、泣いてその悲しさをしっかり感じ、内側にたまっていた悲しいという感情が消費されたことによって内面の悲しみが減ったことを意味します。

そのため、本当は不安に思っている気持ちを怒りで表現し、イライラを子どもにぶつけても、親の不安は減りません。本当は違う感情なのに、怒りとして表現しているだけなので、そのイライラしている感情は収まらないわけです。

イライラするシチュエーションについて振り返って具体的に分析してみると、本当の感情は何だったのかに気づくことができるはずです。その上で、「本当は将来のことを考えて不安だったんだ」「本当は私の気持ちを考えてくれなくて悲しかったんだ」などと本当の感情に向き合えると、イライラの感情は消滅しまったく違ったコミュニケーションをとることができます。

感情コントロール③

分離：不満を手放し責任者意識をもつ

私たちは何かを問題と感じるとイライラしたり、不満を感じたりします。子育てでは、子どもがこうだからとか、言うことを聞かないからとか、何度も同じことを言わせるからとか、いろいろなことについて問題と感じることがあるはずです。その気持ちはよく分かります。

しかし、ここで思い出してほしいことは、今までの経験のなかでなんらかの問題が起き、不満を感じながら問題に向き合ったときと、冷静な状態で問題に向き合ったときとでは、どちらがスムーズに解決できたかということです。

特に人間関係の問題は、不満を感じながら向き合うと状況が悪化したという経験をほとんどの人がしていると思います。ここで感情をコントロールするために提案したいことは、不満と問題を切り離すということです。その問題に不満を感じるかどうかは自分で選ぶことができます。つまり私たちは「問題を抱えている」という状況に対して反射的に不満を感じているだけなので、問題そのものと、それを不満に思う気持ちとは切り離すことができるのだと認識することが必要です。

問題が起きて不満を感じている状態では、自分は被害者であると感じ、被害者意識を持っています。被害者意識は「誰かのせい」「何かのせい」であり、「自分のせいではない」という前提がなければ生まれません。自分以外の誰かのせいで起きることはコントロールできないので、被害者にならざるを得ません。これでは不満を感じるのも当然です。しかし子育てにおいて発生する問題を、子どもやほかの何かのせいだと考えるのはさすがに無理があります。それらの問題は親自身の過去の選択や関わりによって生み出されたものであるという責任者意識で向き合わなければ、直面している問題を解決することはできません。たとえていうなら、自分は嫌だったのに、車に乗せられて来たくもないところに連れて来られたと不満を言っているようなものです。これは自分の人生のハンドルから手を離している状態です。そもそも、自分では無理やり連れて来られたと思っていても、実際には自分の意志でハンドルから手を離していただけです。

もし、違う方向に行きたいのなら、自分でハンドルを切らなければいけません。ハンドルをきちんと握っている状態が責任者意識です。行きたくないところに来てしまったけれど、自分でここに来たはずだととらえ、どうやったら本当に行きたい方向に行けるかを考えるのがハンドルを握っている状態です。被害者意識から責任者意識に切り替えるための自分に対する質問は「私は意識的または無意識的に、どうやってこの状態をつくりだしたのか」というものです。この質問によって、子どもやほかの何かに向いていた矢印を自分自身に向けることができます。子育てにおいては、子どもの今の状態を見て、この状態は私の過去のどのような選択が生み出したのだろうと考えることが解決のための第一歩になります。なぜなら人生は選択によってつくられるからです。

人生にはしばしば運命と思えるような局面があります。その運命には、変えられる運命と変えられない運命とがあります。選択によって今がつくられているなら、例えば子どもの頃に虐待にあった人は、それが本人の選択かといえば、そんなはずはありません。同様に、障がいを持って生まれた人にとっても、それが本人の選択かといえばそんなはずもありません。これらは自分に矢印を向けてはいけないケースです。変えられない運命を変えようとしても、ずっと苦しみ続けることになるだけです。変えられない運命に関しては、ちゃんと情報を整理した上で、受け入れ方を学ぶしかありません。

ここで考えたいのは、変えられる運命についての対応です。子どもの問題行動は大抵が変えられる運命です。

間違いなく言えるのは、変えられない運命以外の私たちの現状は、過去の選択によってつくられているということです。そして未来は、これからする選択によってつくられるのです。

ここまでの内容を踏まえて、イライラすることについて、子どもがそういう状態になるまでに自分は何を言ったのか、または何を言わなかったのか、あるいはどんな選択をしてきたのかを書き出してみます。これをしたからこうなった、もしくはこれをしなかったからこうなったという原因が必ずあります。その原因を見つけたときには、子どもに対するイライラは消えているはずです。

感情コントロール④

視点：違う側面を探す

私たちは何か出来事があると、無意識のレベルで物事や出来事の一面だけを切り取って、これは良いことだとか悪いことだというように見方を固定しています。しかし、物事や出来事は多面的なもので、そもそもある一つの角度からの見方に固定することと自体が間違いです。写真を撮るとき、正面から撮るのと上から撮るのとでは全然違いますし、下から見れば、また違った見え方をします。物事や出来事もこれと同じです。

一般的に頭が固いといわれる人は、これはこういうものだと一方向からしか見られません。一方、頭の柔らかい人は、瞬時にいろんな角度から見ることができます。

例えば、イライラする原因があったときに、その出来事をほかの角度から見てみたらどうだろうかと考えます。「ほかにどんな見方ができるか」という質問を自分に投げかけるのです。それから「これは何を学ぶチャンスなんだろう」と問います。あるいは「もし、今起きていることが神様からのプレゼントなら、どんな意味があるのか」と考えてみます。そうやって出来事を見たときに、一つの正解を求めようとしてしまうこともありますが、こうでもあるし、こう考えることもできると多面的に見ることができれば、感じていたイライラの感情に変化が出ているはずです。

これは訓練が必要で、知っていることとできることとの間には大きな差があります。例えば、子どもが学校で嫌な思いをして帰ってきたとします。子どもの話を聞いて、お母さんが「ああ、そうなの。かわいそうに」という会話だけで終わってしまえば、その子ども自身の中で、「自分は被害者なのだ」という見方で固定されてしまいます。それも真実には違いないので、一つの方向から見たらそれはそれで正しいということになります。

ただ、そのときに「なるほど、そうか。つらかったね」と寄り添った上で、「でもお母さんには、これがすごく大きなチャンスに感じられるんだけど、それは何だと思う？」というように、違う見方を示せば、子どもの視点を切り替えることができます。ただ、そのためには親自身がさまざまな側面から物事を見ることができなければなりません。

ただ視点の切り替えだけが上手になると、楽観的なだけの人になってしまう可能性があるので注意が必要です。深刻な問題が起きたときに「え？　こう考えればいいじゃん！」というように非常にポジティブに考える人がいます。それ自体は悪いことではないのですが、ポジティブに考えるだけで、実際には問題が一切解決していないということでは困ってしまいます。そうならないように注意して、冷静に物事を多面的に見るようにします。

ここで、イライラする状況について、こういうところが足りないからイライラしてしまうけれど、こういう見方もあるという、違う視点を考えてみます。これは得手不得手があるので、別の視点をなかなか思いつかない人は、トレーニングが足りないだけだと理解して、普段から意識して多面的に物事を見るようにすることです。

感情コントロール⑤

時間：物事はすべてつながっている

大きな出来事に関して感情をコントロールするには、時間という要素がいちばん重要です。

「人間万事塞翁が馬」という中国の故事がもとになったことわざがあります。これは中国の北部のある村に住んでいた老人の話です。

その地域の馬は品質が良いことで有名で、老人は雄馬を持っており、その馬が老人にとっては大切な財産でした。

ある朝、老人が馬小屋へ行くと、その大事な馬が逃げていなくなっていました。村人は口々に「大変だね」「元気出しなよ」などと声をかけます。

すると、老人はこう答えました。

「いやいや、そうとは限らん」

それから数日がたった頃、逃げた雄馬が野生の雌馬を連れて帰ってきました。老人の財産は数日で倍に増えたのでした。それを見た村人は「良かったね」「おめでとう」と声をかけます。その言葉に対して老人は再びこう答えました。

「いやいや、そうとは限らん」

雄馬が連れてきた野生の雌馬も人間の役に立つようにするには調教しなければなりません。そこで、老人の息子が雌馬の調教を始めました。すると、その最中に馬が急に暴れ出し、息子は落馬して大けがを負ってしまいます。村人たちは「災難でしたね」「お大事になさってくださいね」などと声をかけます。すると、老人はまた言います。

「いやいや、そうとは限らん」

そうこうするうちに、老人の住んでいる国で戦争が起きました。村人の中から若者が次々と徴兵されていきます。負け戦だったので、徴兵された若者たちはみんな亡くなってしまいました。しかし、老人の息子は大けがをしていて思うように動けなかったので、徴兵されずに済んだのでした。

お話はここで終わるのですが、老人の馬が逃げたことは良かったことなのか、悪かったことなのか改めて考えてみます。

物語を最後まで聞くと、多くの人は良かったことだと答えます。しかし、もし老人の息子が落馬して大けがを負いましたというところでこの話が終わっていたら悪かったことだと答える人が多いはずです。馬が逃げたという出来事自体は同じなのに、話の結末次第で、その出来事のとらえ方が変わってしまうのです。

私たちも村の人たちと同じように、物事を全部ぶつ切りに考える傾向があります。これは良かったことでこれは悪かったことというように、物事を切り出して喜んだり悲しんだりします。この物語では、老人だけが、何か出来事が起きたらそれが新たな原因となって次の何かが起きるというふうに、出来事というものはそれ自体で完結するわけではなく、まだ知らない未来につながっているということを理解していて、何が起きても「いやいや、そうとは限らん」と言っていたのです。

私は子どもの頃、父親とあまり関係が良くありませんでした。父は私の目の前で弟をとてもかわいがるのですが、私にはいつも厳しく接するのです。私が悪いことをしようものなら徹底的にきつく叱ってくるので、私はそれに反発して余計に悪いことをするという悪循環に陥っていったのです。父の真意は分かりませんが、少なくとも当時の私はそう感じていました。

ただ私にとって救いだったのは、仕事で多忙を極めていた両親に代わって祖母が母性愛をたっぷり注いでくれたことです。祖母が私のことを気にかけて世話を焼いてくれていたので、自分がものすごく愛されている感覚を持つことはできました。

しかし、父親との関係がうまくいかないことで、いくら祖母が愛してくれていても、本当の意味では私の心は満たされていませんでした。

そんな状態のまま成長していった私は、高校2年生の夏休み直前に学校で問題を起こし、あわや退学になるかというくらいの大事になりました。担任の先生と学年主任、副主任の先生に呼び出され、校長先生が退学処分にすべきだと言っていると告げられました。そのうえで、担任の先生は私に「お前、卒業したいんか？」と聞きました。高校を中退するというプランもイメージももっていなかった私は、先生の問いに「はい。卒業したいです」と即答しました。すると先生は「お前にその気持ちがあるんやったら、わしらも頑張ってみるから、とにかくお前も誠意をみせろ」と言いました。校長先生は退学処分にしようとしているので、それを覆す説得材料となるように反省文を書けというのです。そのときに提示されたのは、４００字の原稿用紙6枚分を毎日書くという条件でした。

1日目は普通に書き上げて提出することができました。2日目は違う角度から一生懸命考えて書きました。

そこまでは良かったのですが、3日目になるともう書くことがありません。すでに原稿用紙12枚分の反省文を書いているので、高校生の私には書く内容が一つも思いつきませんでした。ここで同じことでも書こうものなら、説得材料になるはずの反省文が、退学を促進することになりかねません。

どうしたものかと困り果てている私に、当時関係が悪いと感じていた父が助け舟を出してくれました。父が私に手渡したのは松下幸之助の本でした。父はその本を読んで、少しでも心に響いたところに全部線を引けと言いました。それを書き写して、感想や自分の思いを書けば原稿用紙を埋めることができるだろうと言うのです。

確かにそうかもしれないと思って、私は必死に本を読んで、印象に残ったフレーズを書き写して感想をつづっていきました。「松下幸之助はこのように言っていて、僕もこれからこのように生きていきたいと思います」というようなことを書いていきました。

最初に父から手渡された一冊から印象に残ったフレーズを使い尽くすと、私は書店に行って次の本を探しました。ありがたいことに、松下幸之助の本はたくさん出ていたので、それを買ってきては読み、線を引いて書き写し、それについての感想を書いていきます。それを、高2の夏休みの間中、40日間にわたって繰り返しました。

私は退学がかかっているので必死に大量の反省文は書いたものの、そのときに心の底から本当に後悔して反省していたかというと、そこまで反省していなかったというのが正直なところでしたが、なんとか退学を免れて、卒業式を迎えることができました。卒業式の日は、体育館で卒業証書授与式をしたあと、教室に戻ってホームルームをして解散するという流れでした。私の中では2年生のとき、担任だった先生にいちばん迷惑をかけたという感覚があったので、自分のクラスのホームルームが終わったあと、先生のところに挨拶に行こうと思いました。

先生のクラスのホームルームが終わったところを見計らって、私は教室に一歩足を踏み入れました。まだクラスの生徒全員が残っているなか、先生は私のほうにツカツカと歩み寄り、私の両手を力強く握って、ものすごく大きな声で「おめでとう！」と言いました。

私はその瞬間、ほかの生徒の目もはばかることなく泣き崩れました。共学だったので女子生徒の目もあります。それでも私はこらえきれませんでした。

先生から祝福のエールのこもった「おめでとう！」という言葉を聞いて、それまで本当の意味では反省していなかった私の中で何か大きなものがガラッと変わったのです。このときになってやっと、高校2年生の夏休みに退学寸前だった私に先生がチャンスをくれたのだということをはっきりと理解しました。そして、これからは先生が「こいつにチャンスをやって良かった」と思ってくれる人生にしようと心に誓いました。

その後の人生で、私がさまざまな分野で頑張って結果を出すことができたのは、間違いなく先生のあの時の一言が契機になっています。先生が私の可能性を信じてチャンスをくれたということが、私のその後の人生に与えた影響は計り知れません。今思えば、まだ社会のことを知らない真っ白な高校2年生のときに、松下幸之助という偉大な経営者の考え方に触れることができたことは、非常に幸運なことだったと深く感謝しています。そして先生は私が今、こうやって教育に携わっていることを非常に喜んでくれています。

さて、この話の出発点は私が子どもの頃に父親と関係が悪かったというところなのですが、それは良かったことなのか、悪かったことなのかを考えてみます。

父親との関係が悪く、愛されていないと感じることは、子どもにとって非常につらい状況であることは間違いありません。自分も弟と同じようにかわいがってほしいのに、それが手に入らないのですから、寂しいとか悲しいといった感情が起きます。しかし、その経験があったから得ることができた非常に価値の大きなものもあります。例えば、メンタルがものすごく鍛えられましたし、自立心も養われました。ほかにもプラスになったことがたくさんあります。

過程の中で切り取ってみたら、良いことと悪いことがあります。高校2年生のときに問題を起こしたのにもかかわらず心の底では反省していなかったところだけを切り取れば、私はどうしようもないやつです。しかし、その後の過程で松下幸之助の考え方を大量に学んだり、担任の先生とのご縁でよりよく生きられるようになったりしたことを見れば、良かったこととも考えられます。

これから、子どもたちは人生の中で何かしらネガティブな体験をするはずです。そのときに思い出してほしいのは、何が起きても「いやいや、そうとは限らん」と言っていた、あの中国の故事に出てきた老人の反応です。

例えば、受験をして志望校に合格できなければ、子どもも親も落ち込みます。ずっと合格を目指して頑張ってきたのに叶わなかったら悲しいし、つらいのは当たり前です。でも、それが絶対的にマイナスな出来事だとは言い切れません。つらいときには、その出来事がプラスかマイナスかはまだ分からないのだということを思い出すようにします。自分の選択次第で未来がつくれるというのは紛れもない真実だからです。

ただ、良いことが起きたときに、老人のように「いやいや、そうとは限らん」と言っていたら人生が楽しめないので、良いことがあったときには素直に喜んでいいと思います。そうして良くないことが起きた時だけ「いやいや、そうとは限らん」という老人のリアクションを思い出すようにするのです。

自分の人生を振り返ってみれば、特にマイナスの出来事があったからこうなれたという経験がきっとあるはずです。私の場合は

父が弟ばかりをかわいがる

↓

自分も父にかわいがってほしいが叶わないので心がすさむ

↓

高校2年生のときに問題を起こして退学になりそうになる

↓

父から松下幸之助さんの本を手渡され、自分が将来経営をしていくための基礎となる考え方を学ぶ

↓

卒業式の日に担任の先生が自分のことを信じ、チャンスをくれたことを実感して、これからの人生は先生に「こいつにチャンスをやって良かった」と思える人間になろうと心に誓う

感情コントロール

①反応：瞑想と運動で脳を変えることで反応を変える
②理解：イライラの正体を理解する
③分離：不満と問題を切り離す
④視点：違う側面を探す
⑤時間：まだ本当に悪いことかどうか分からない

というように、それぞれの出来事を矢印でつないでいくことができます。同様に、これがあったからこうなった、これがあったからこういう自分になれたということを、これまでの人生を振り返りながら、どんな出来事がどうつながってきたのかを思い出して書き出してみてください。

実際に書き出してみると、ネガティブに思える出来事を、ネガティブな出来事だと決めつけないほうが良いことが分かると思います。これからそれをプラスに転換させることが可能だという感覚を大切にしていくことです。

ここまで、感情をコントロールする方法を5つ紹介してきましたが、いきなりすべてをやろうとする必要はありません。自分に合うものを選んで取り入れたり、状況に合わせて活用したりすることで、子どもとの関わり方、特に感情が変わってくるはずです。

第5章

子どもの成長を大きく左右する
もう一つの大切な要素

潜在能力を引き出す「ビリーフ」とは

人生を左右する「ビリーフ」とは

ホンモノの自己肯定感と合わせて、子どもの成長に大いなる影響を与えるのがビリーフです。ビリーフとは自分が正しいと信じている価値観や思い込みのことをいい、子どもの人生において、欲しい結果を手にするためのアクセルにもなり、ブレーキにもなります。どんなビリーフをもっているかによって、人生で得られる結果が変わってくるのです。

例えば、ある仕事をするにあたって、Aさんには必要な能力やスキルが十分にあり、スケジュールにも無理がなく、本人も集中して仕事をしているとします。それなのにどうしてもAさんはミスをしてしまいます。なぜなのかを探ってみると、Aさんは幼い頃に親との関わりの中で、完璧に物事をこなしているとお母さんはまったく関心を払ってくれなかったという経験があったことが分かりました。逆に、Aさんが失敗するとお母さんは「もう仕方ないわね」と構ってくれたというのです。

その体験によって、Aさんの中で「自分は完璧であってはいけない」という思い込みが生まれていたことが分かりました。このようなビリーフができてしまうと経験を重ねるごとにその思い込みは強化されていき、大人になって社会人になってからも、完璧に何かを成し遂げることに対して無意識のうちに制限をかけてミスをしてしまいます。顕在意識では完璧にこなそうとしても、無意識の力のほうが強いので、そちらに引っ張られるのです。

自分が欲しい結果を手にするのを妨げるブレーキになるようなビリーフを持っていれば、当然ながら自分の望む結果を遠ざけることになります。逆に、アクセルになるようなビリーフをもっていれば、欲しい結果を手にするための思考や行動を加速させられるようになります。

どのようなビリーフを持つかで、人生で手にする結果が大きく変わるのです。

例えば、「私はできない子」というビリーフを持っている人がいたとします。このビリーフをもっている人は子どもの頃、何かに挑戦しようとするたびに親から「あなたにできるわけがない」などと否定されたり、「お姉ちゃんはよくできる子だね」という自分にはかけられない言葉を聞かされたりした可能性があり、「自分は挑戦してもどうせできない」という感覚が無意識の領域に根付いてしまっている状態です。無意識に自分を否定して、マイナスの思考や感情を生み出し、自信のない状態で何かに取り組むことで「できない」結果をつくりだすなど、マイナスのビリーフを証拠づける言動ばかりしてしまいます。

人間関係を壊すようなことを自らしておいて、その結果を見て「やっぱり私は人から愛されない」だとか、昇進のチャンスを自分で潰すようなことをしておいて、「やっぱり自分なんかにはできるはずがなかったのだ」というように、自分のビリーフの証拠をつくって、ビリーフを強化していくケースもあります。

このように、子どもの頃に形成されたビリーフは根深く、人生に影響を与え続けます。しかし、ビリーフを書き換えることで、出来事に対する反応や言動を一気に変えることができます。

いわばビリーフとは世の中や自分自身を見る色メガネのようなもので、何歳からでも形成されます。赤色のレンズのメガネをかければ世界が赤く見えますし、その赤色が濃ければ濃いほど、つまりビリーフの度合いが強ければ強いほど、より強力な影響を受けます。

子どもがネガティブなビリーフを持っているようであれば、そのビリーフを明らかにした上で、それが真実ではない証拠、反例を複数挙げていくことで、信じていたことが間違っていたと本人に気づかせることができます。ビリーフを書き換えることができると、その瞬間から感じ方や反応がガラッと変わるのです。

人生を左右するビリーフは6〜7歳半までに出来上がる

ビリーフについては諸説ありますが、人生を左右するようなビリーフは6〜7歳半までに形成され、その後も18歳くらいまでの間に価値観の基礎となるビリーフが形成されるという説が最も有力です。

生まれてから7歳半くらいまでの間は、さまざまな情報や体験で得たことをぐんぐん吸収していきます。この期間に親のビリーフや価値観、自分への言動などから影響を受けてビリーフが形成されていきます。

幼少期から親に「生まれてきてくれてありがとう」「あなたは、ママの宝物だよ」などと言われて育った子は、自分を肯定的にとらえることができ、思考、感情、行動についても肯定的になります。逆に「あんたなんか産まなければ良かった」「なんてダメな子なの」などと言われて育った子は、自分や出来事を否定的にとらえてしまいます。ちょっとしたことでも傷つきやすくなり、否定的な思考や行動をするようになってしまいます。

ビリーフには世代間連鎖しやすいものと、そうでないものがあります。世代間連鎖とは、子ども自身にビリーフができる特別な出来事（原体験）があったわけではなく、親の持っているビリーフをそのまま正しいこととして信じてしまう現象のことを指します。ビリーフにはこの性質があるため、親のビリーフもチェックすることが重要です。

ブレーキビリーフが一切ない人はほとんどいません。そのブレーキビリーフの度合いが強いか弱いかの問題で、誰しも自分のブレーキビリーフとうまく付き合いながら、折り合いをつけて生きています。そのため、今すぐどうにかしなければと神経をとがらせて焦る必要はありません。よほど苦しさや実害がない限り、今まで折り合いをつけて生きてきたのだから、これからもそうやって生きていこうというくらいの気持ちで向き合うことが大切です。

ビリーフは強化行動によって強くなっていきます。放っておくと自然に強化されてしまうので、子どもにとってマイナスになるブレーキビリーフが強化されていく前に、できるだけ早い段階で書き換えることが非常に重要です。

ビリーフが変わると性格が変わる 子どもを不幸にする12のブレーキビリーフ

子どもを不幸にするブレーキビリーフはたくさんありますが、代表的なものとして次の12種類があります。

(1) 私(僕)はいてもいなくても同じ、いないほうがいい

「あなたのせいでお父さんとけんかになる」「あなたを産んだせいで、私は今こんなに苦労することになった」などという言葉を投げつけられると、子どもは「自分はいないほうが良かった」と思い込む確率は非常に高くなります。このような直接的な言葉のほかにも、親が子どもを無視したり、無関心だったり、親自身が投げやりな生き方をしていたりすると、同様のビリーフをもつようになります。また、いじめや親の自殺などの出来事も、このビリーフができる要因になり得ます。

このブレーキビリーフを上書きするためにいちばん簡単な方法は、子どもを抱きしめ「生まれてきてくれてありがとう」と伝え続けることです。そうすることで、子どもは「自分は存在していいんだ」「お母さんにとって必要な存在なんだ」と自分の存在を肯定できるようになります。

自分はいないほうがいいとか、いてもいなくても同じという思い込みが強化されてしまうと、最悪の場合、自ら命を絶つことにもつながりかねません。

（2）ありのままの自分には価値がない

このビリーフは、「ありのままの自分の存在自体を否定するもの」と、「存在は受け入れられるが特定の能力や条件を満たさない自分なら価値がない」という2種類があります。

親がいつも自分以外のきょうだいばかりをかわいがっていたり、親から人格を否定され続けていたり、見た目のことを口うるさく言う親に育てられたりしたという人は、「○○のようではない自分には価値がない」というビリーフをもちます。また、勉強ができる自分には価値があるけれど、できない自分には価値がないというようなケースが、後者の「特定の能力や条件を満たさない自分なら価値がない」にあたります。

これらのビリーフをもっていると、生涯を通して「自己否定」や「条件を満たさなければならない苦しみ」に悩まされることになります。私の経験からいうと、高学歴の人に多く、世代間連鎖しやすいビリーフであると断言できます。

最難関大学を卒業した学歴のある人が、勉強ができる自分には価値があるけれど、勉強できない自分には価値がないと子どもの頃から思い込んでいたとします。親に認めてもらい愛情を得るためには勉強するしかないと考えて頑張った結果、高学歴を手に入れて大手の有名企業に就職することができ、出世頭として活躍していました。周囲から見れば誰もが羨むような経歴なのですが、本人の心の深い部分ではどこか自信がない状態にあるという例は珍しくありません。うつ病につながりやすいケースでもあります。

親として伝えるべきは、ありのままのあなたでいいのだ、ということです。「勉強ができてもできなくても、スポーツが上手でも下手でも、あなたはお母さんの宝物で心から愛しているよ」ということは十分すぎるほど伝えるようにします。そのうえで、「勉強ができるとこんなにいいことがあるから頑張ろうね」という順番で伝えます。母性愛によって、ありのままのあなたでいいというメッセージが子どもにしっかり伝わっていれば、子どもの根本が揺らぐことはありません。

（3）男の子（女の子）は愛されない

まず誤解のないように確認しておきたいのは、これは性同一性障害などの先天的な性自認の話ではなく、ビリーフについての話だということです。このビリーフは親との関わりの中で形成されます。親が子どもに向かって「本当は女の子が欲しかった」「男の子が欲しかったのに女の子だったから、がっかりした」などと言うと、子どもが「自分の性別であってはいけない」というビリーフを持つ可能性が出てきます。親が何気なく言った言葉を子どもが自分へのメッセージとして受け取ってしまったために、自分が愛されないのは男の子だからとか、自分が大切にされないのは女の子だからに違いないなどというように誤った解釈をするケースは実際によくあります。直接の言葉でなくても、親が異性のきょうだいばかりかわいがるなどといった行動によっても、このビリーフは形成されます。

男性と女性では生物学的な特性や役割が異なるのですから、親は子どもを性別によって評価すべきではありません。男の子には男の子の素晴らしさがあり、女の子には女の子の素晴らしさがあります。それを伝えることで、このようなビリーフを子どもにつけてしまうことを防ぐことができます。

(4) 自分のことを愛してくれる人はいない・愛情など存在しない

このビリーフには「アタッチメント」が深く関係しています。アタッチメントとは日本語では愛着と訳されますが、一般的に使われる愛着という言葉のニュアンスとは少し異なり、接触を伴う愛情表現のようなイメージです。子どもに接するうえで、スキンシップは非常に重要で、親が子どもを抱きしめることはもちろん、頭をなでてあげるだけでも良いとされます。

このビリーフを書き換えるには、抱きしめるだけで非常に効果があります。ただ、親自身があまり愛着を受けずに育った場合、子どもをどうやって抱きしめてよいか分からないという人がいます。また、不慣れな自分のぎこちない抱きしめ方が、逆に無理しているように子どもに思われるのではないかと心配する人もいます。この感覚がある人は、ぎこちなくても、いくら苦手でもとにかくやることです。このビリーフは放っておくと100％の確率で世代間連鎖するからです。

親からのスキンシップがなかったつらさを誰よりも知っているからこそ、そのつらさを子どもには絶対に連鎖させないと心に決めて、とにかくやり続けることが非常に重要です。

(5) 人は怖いもの・人に近づくと危険

このビリーフは、親からの虐待や強度の体罰を受けたなど、子どもの頃に安心して親に近づけなかった場合や、親に近づいたときに拒絶された体験から形成されることがよくあります。

その結果、子どもが「人は怖い・人に近づくと危険」というビリーフを持ってしまうと、コミュニケーション能力に影響が出ます。

最近増えているのは、子どもが人に対して恐怖心を持つという例です。これは一般的なコミュニケーションの訓練不足による人見知りとは違い、人が怖くてコミュニケーションが取れないというものです。

さらに世の中で子どもが巻き込まれるショッキングな事件が起こることがあります。そういう事件があると、テレビのワイドショーが連日こぞって取り上げて、どのチャンネルでも同じように報道します。身近な人が容疑者のこともありますし、社会的に地位のある人や、近所では良い人だと思われていた人が容疑者である場合もあります。それらの情報によって親の中には「怖い世の中になった」「身近な人であっても信用できない」などと感じ、知らない人はもちろん、知っている人であっても近づいてはいけないと子どもに言い聞かせる人がいます。

確かに子どもが犯罪に巻き込まれないように防犯教育をするのは問答無用に大切なことです。ただ、報道で子どもが被害者となる痛ましい事件を知ったときには、短絡的に「人に近づいてはいけない」と考えるのではなく、その事件がどれくらいの確率で起きるのかを知った上でどのように対処するのかを判断する必要があります。

世の中には不審者がたくさんいると伝えることで子どもが得られるメリットは何か、その一方で失うものは何かということをてんびんにかけて考えなければなりません。どちらが正解というものではないため、親の自己責任で「得るもの」と「失うもの」についてよく考えてジャッジしてください。

例えば、子どもが重大な事件に巻き込まれる確率と、交通事故で命を落としたり障害が残るほどのけがをしたりする確率では、交通事故の確率のほうが圧倒的に高くなります。これだけ自動車の安全装備が充実してきても、年間で約３０００人も交通事故で亡くなっていて、けがや後遺症に苦しんでいる人も含めればものすごい数になります。それでも、私たちが子どもを車に乗せるのは、自動車に乗せることで得られるメリットのほうを選択しているからです。

私は20年くらい前に、自動車に乗って信号待ちをしていたとき、居眠り運転の大型トラックに追突されたことがあります。その瞬間に爆弾でも爆発したのかと思うような衝撃がありました。自動車の後部が潰れたので、もし子どもを後部座席に乗せていたらと思うとゾッとします。

そういう体験があったとしても、後部座席に人を乗せるのをやめることはありません。その事故以降も、普通に子どもを乗せていました。なぜかといえば、追突される確率は非常に低く、子どもを車に乗せて移動することのメリットのほうが大きいからです。

同様に、人に対してどう接するのかということについても、冷静に判断しなければなりません。このビリーフも世代間連鎖しやすいという特徴があります。親が子どもに人は危険だと教えれば、特に幼い子どもは無条件に信じてしまい、人は危険で怖いものだと信じて生きていくことになります。

メリットとデメリットを比べて、どちらをとるのかは最終的には親の判断ということになりますが、自分は心配性だという自覚のある人は、非合理的な判断をしていないか気をつけたほうがよいと考えます。

（6）世の中はうそばかり・人は裏切る

これは親から無条件の愛を与えられなかったり、普段は優しい親が急に怒って体罰を加えるなど、態度を突然変える親を安心して信用できなかったりする環境で形成されることが多いビリーフです。

また親自身もこのビリーフをもっていて、無意識のうちに子どもにも刷り込んでしまっている場合もあります。

このビリーフをもっている人は、他人に心を開かず、本心を見せません。

実際に私の後輩でこのビリーフを持っている男性がいました。例えば、懇親会でお酒を飲みながらそれぞれいろんな話をしているときに、横から「えっ、それ本当ですか？」などと疑ってきます。そういうリアクションを何度もするので、話し手を怒らせてしまうこともありました。

そんな様子を見ていて、これはビリーフが関係しているだろうと考えた私は、彼と2人のときに「子どもの頃に、お父さんかお母さんから、人を信用してはいけないとか、世の中はうそばかりだというようなことを言われたことはない？」と聞いてみました。すると、彼は「なんで分かるんですか⁉」と非常に驚きました。やっぱりそうかと思った私は、詳しく話を聞かせてもらうことにしました。

彼が言うには、子どもの頃に家族でテレビを見ていると、お母さんが「こんなの全部うそだよ」と言っていたということでした。彼のお母さんにしてみれば、テレビを見ながら何気なく言ったことかもしれませんが、子どもにとっては一生引きずるようなビリーフになっていたのです。

昔は、ジャングルの奥地に探検に行くような番組で、明らかに作り物の危険生物が襲ってくるというような演出がされることがありました。そういう番組をドキドキしながら観ていた少年に、お母さんは「怖がらなくても大丈夫だよ」という意味で「こんなの全部うそだよ」と言ったのかもしれません。

ただ、子どもにとっては、本当だと思っていた話を全部うそだと言われたことでショックを受け、それ以降、何でも疑ってかかるようになってしまったのです。これは決してお母さんが悪いわけではありませんし、もちろん子どもが悪いわけでもありません。

もしこのビリーフに心当たりがあるようなら、まず自分自身のことを思い出してほしいのですが、今までどれくらいの人と出会ってきたのかを数えてみます。ある程度言葉を交わしたことのある人数というと、相当な数になるはずです。営業の仕事をしている人やサービス業の人であれば、数えきれないかもしれません。私たちは軽く言葉を交わした人だけでも、ものすごい数の人と関わっています。この人数を分母として、その人たちの中であなたのことを明確に悪意を持って裏切ったり、お金をだまし取ったり、深く傷つけたりした人が何人いたか数えてみます。すると、ほとんどが数人でおさまるはずです。

「世の中はうそばかり・人は裏切る」というビリーフを持っている人は、何かあったときに「やっぱりだまされた」という解釈が強くなるので、自分を裏切ったりだましたり傷つけたりした人の数を数え上げたときに、普通の人よりも多くなる傾向があります。それでも両手で足りるくらいの人数におさまるのが普通です。

世の中の人を全員信用していいわけではありません。残念ながら、信用してはいけない人がいることも事実です。しかし、これまで言葉を交わした人の数の多さを考えると、大半の人は信用しても問題ないということになります。何百分の1とか何千分の1といった確率のために、信用してもいい人まで疑ってかかっていたら、子どもの人生の可能性を狭めてしまうことになります。

（7）成長すると愛されない・大人は大変

これは末っ子や一人っ子がもちやすいビリーフです。親から見ると、末っ子はいつまでも小さくてかわいいと感じやすいものです。そのかわいいという気持ちがあふれて「このままずっと小さくてかわいいままでいればいいのに」などと口にしていると、子どもは「自分は成長してしまったらかわいがってもらえない」というビリーフをもつ可能性が高くなります。この種類のビリーフをもっている人は大人になっても、明らかに子どもっぽいしゃべり方や振る舞いをしたり、子どもっぽいものが好きだったりする傾向がみられます。

特に、子どもの世話をすることに生きがいを見いだしているお母さんは要注意です。無意識に「子どもが成長したら自分の役割が減って寂しい」という感覚を持っていることが多く、本人は気づいていなくても、その気持ちが言動に表れていることがあります。

例えば、子どもが「ママ見て！　これ自分でできたよ」とうれしそうに報告しても、口では「自分でできたのね。えらいね」と言いながら、顔はなんだか寂しそうにしていたり、逆に子どもが「ママ、これやって」と言ってきたときに、「いつまでたっても自分でできなくてダメね」などと言いながらも、顔はうれしそうにしていたりすることがあります。

子どもはそんな親の様子を感じ取り、「自分は成長しないほうがいいんだ」と受け取ってしまいかねません。ですから、心当たりがある場合は子どもができるようになったことを心の底から喜ぶように意識をしてください。

（8）私は大切ではない・重要ではない

自分は大切ではない、重要ではないというビリーフは、「生まれてきてくれてありがとう」と言いながら抱きしめ続けることで書き換えることができます。

このビリーフをもっていると、自信がない状態になるのは当然として、なかには過剰に自慢をしたり人の悪口を言ったりするケースもあります。ただ幼い子どもが自慢するのは、自分が重要な存在ではないと思っているからではなく、大好きな親に単に褒めてもらいたいとか、お母さんが喜んでくれるのがうれしいといった次元のことなので、気にする必要はありません。ただ、ある程度感情のコントロールができる状態にまで成長しているのにもかかわらず、自慢話や人の悪口をずっと言っているような人は、このビリーフを持っている可能性があります。このビリーフもうつ病の種になるくらい、本人にとってはつらく苦しいものなので、幼いうちに絶対に書き換えてあげてほしいビリーフです。

(9) 目立ってはいけない

このビリーフの多くは目立ったことが原因でいじめや悪口を言われたなどのネガティブな体験や、親からの「目立つのは良くない」という刷り込みによって形成されます。

これも世代間連鎖しやすいビリーフです。自分自身が目立つのは良くないと信じているお母さんは、子どもが目立つと不安に襲われます。自分が子どもの頃、すぐに暴力を振るう親に見つからないよう、いつも隠れていたなどの原体験があれば、理由が分からない不安が襲ってくるのです。

そのようなつらい原体験がない場合でも、特に日本人には「目立つのは良くない」という感覚の人が多いように感じます。

目立つというのにも2種類あって、お調子者で何でもいいからとにかく目立ちたいというのは煙たがられる目立ち方です。それに対して、周囲に認められて学級委員を選ぶときに推薦されたり、部活のキャプテンを決めるときにチームメイトから頼まれたりするのは良い目立ち方といえます。

これからの時代は「出る杭は打たれる」ではなくて、「出過ぎた杭は打たれない」と刷り込むくらいのほうが、子どもにはプラスになると私は考えています。子どもが良い日立ち方をしたときに親が喜ぶようにすることで、このビリーフを書き換えることができます。

(10) 子どもっぽいのはダメ・しっかりしていないと愛されない

このビリーフは特に第一子に多く、多くの日本人がもっていると考えられています。そのため、程度の軽いものをもっているのは普通ですが、このビリーフが強過ぎると、本人は生きづらくなります。実際に長男・長女の人は実感があると思いますが、きょうだいが生まれると「お兄ちゃんなんだからしっかりしなさい」「お姉ちゃんなんだから自分でできるでしょ」などと言われがちです。

赤ちゃんに比べれば、3〜4歳でもお母さんの目には大きく映るかもしれません。しかし、小学校低学年の子どもでさえ幼児期から脱しただけで、まだまだ幼く、中学年でも高学年でもお母さんに甘えたい気持ちはあるはずです。それにもかかわらず3〜4歳で「お兄ちゃんなんだから」「お姉ちゃんなんだから」という言葉で自分の欲求を拒まれてしまうと、子どもは、「自分はわがままを言ったら愛されないのだ」と考えるようになります。子どもらしく自由にわがままに振る舞ってはいけないのだと思い込み、しっかりした子として振る舞うようになります。周りからも「いい子ね」と言われて褒められて育つことが多いのも特徴です。

我が子を見たときに、上の子にこの傾向があると思ったら、わがままを言わせてあげたり、甘えさせてあげたりするようにします。そうやって、子どもらしく自由でいていいというメッセージを伝え、子どもがわがままを言ったり甘えたりするようになったら、親は喜ぶようにします。子どもが「自分は子どもらしく自由にしてもいいんだ」と深く思うことができれば、このビリーフは緩んでいきます。すでにこのビリーフを強くもっている場合、完全になくなることはありませんが、程度が軽くなれば問題ありません。

(11) 自分で考えると悪い結果になる・自分より親が常に正しい

指示・命令型の親に育てられた子どもは、常に親から指示され、無条件に従うということを繰り返しているので、自分の頭で考える力のない子になってしまいます。

それは自分で考えることの訓練不足のために考える力がなくなるということもありますし、「自分より親が常に正しい」というビリーフをもっているために、そもそも考えることを放棄することもあるので、このビリーフはかなり深刻です。

このビリーフをもっている子どもの親がよくやっているのは、子どもが自分で考えた内容を否定することです。例えば、これからの時代は考える力が大切だから子どもに考える力をつけさせようと、親が質問の仕方を学んで子どもに質問を投げかけたとします。

ここまでは良いのですが、子どもが質問に対して一生懸命考えて答えたのに、子どもの答えが親自身の考えと違うと否定してしまうケースがあります。この体験が繰り返されると、子どもは自分で考えることをやめてしまう可能性が高まるのです。

大前提として、子どもは大人ほど知識も経験もありません。それなのに大人レベルの答えを期待するのは無理というものです。少しピントがずれたことを言っても、「うーん、なるほどね。さすが！ ほかには？」などと言って子どもの考えを一旦受け止めたうえで、さらに深く考えさせることを促します。そして子どもが自分の考えを口に出すことができたら褒めるようにします。

子どもの場合、アウトプットの結果を評価対象とするのではなく、自分で考えたこと自体を素晴らしいと評価してあげれば、喜んで自分から考えるようになります。

（12）行動すると失敗する・自由に行動すると悪いことが起きる

何か行動しようとするたびに、親の顔色をうかがって「これしていい？」と逐一確認をとるような子はこのビリーフを持っていて、本人も不自由な状態にあると考えられます。

あるイベントで大きな冷蔵庫があって、その中にいろんな種類のアイスクリームが大量に用意されていました。その環境で子どもたちに「自由に食べていいよ」と伝えると、中にはおなかが痛くなるまで20個ぐらい食べ続けてしまう子もいました。

自由に行動していいと言われたとき、このように際限なく自由にしてしまう子にはブレーキをかけることが必要です。その一方で、「自由に行動すると悪いことが起きる」というビリーフに縛られて、逐一親に許可を求めるような子については、行動する前に許可をとったほうがいいものと、とらなくてもいいものを分け、許可をとらなくてもいいものは自分で考えて判断する訓練をする必要があります。

このビリーフを子どもにもたせてしまう親の特徴として、親自身が失敗を悪いものだと考え、子どもに失敗をさせないように細かく管理する傾向があります。これでは子どもは自由に挑戦できず、失敗という最高の学びの経験を失ってしまいます。

心当たりのある方は、「失敗はいけないもの」というビリーフを、誰にいつ教わったのかを振り返ってみると良いかもしれません。親自身のビリーフを変えない限り、子どもへの接し方や、子どもに与えるメッセージを変えることは難しいです。

以上のブレーキビリーフを子どもにつけてしまっていないか、今の子どもの状態を観察し、必要に応じて書き換えていくことが大切です。ブレーキビリーフは子どもが成長するにしたがって強化されてしまうので、早めに対処するに越したことはありません。世代間で連鎖することもあるので、親自身が自分の育ってきた環境を振り返る必要もあります。その場合、無意識の領域に触れることにもなるので、自分の手に負えないと判断したときは、ブレーキビリーフを扱う専門技術をもっているコアビリーフセラピストの力を借りるようにすると安心です。

子どもを不幸にする12のブレーキビリーフ

（1）私（僕）はいてもいなくても同じ、いないほうがいい

（2）ありのままの自分には価値がない

（3）男の子（女の子）は愛されない

（4）自分のことを愛してくれる人はいない・愛情など存在しない

（5）人は怖いもの・人に近づくと危険

（6）世の中はうそばかり・人は裏切る

（7）成長すると愛されない・大人は大変

（8）私は大切ではない・重要ではない

（9）目立ってはいけない

（10）子どもっぽいのはダメ・しっかりしていないと愛されない

（11）自分で考えると悪い結果になる・自分より親が常に正しい

（12）行動すると失敗する・自由に行動すると悪いことが起きる

第6章

子育てに正解はないが間違いはある

ホンモノの自己肯定感が無限の可能性を引き出す

子ども自身が望む成功と幸せを手にするための5つの要素

社会的に成功している人の中には、経済的な豊かさは手にしているけれど心は満たされていない人もいます。その一方で、成功を手にして、経済的にも人間的にも多くの人から尊敬されて満ち足りた人生を送っている人もいます。我が子には経済的な豊かさを手に入れ、人から尊敬されるように育ってほしいと願うのは多くの親に共通するところです。

そのために必要な要素は次の5つに集約することができます。

①愛される人格
②ビリーフ・セルフイメージ

③コミュニケーション能力
④目標達成スキル
⑤考える力

この5つをすべて兼ね備えていたとしたら、失敗するほうが難しいくらいです。周囲の人から愛されていてセルフイメージが高ければ新しいことに挑戦できます。コミュニケーション能力が高いから人を巻き込んでチームを作れますし、目標達成スキルも高いとなれば、そんな人が成功できないはずがありません。きっと豊かな人生を歩み、幸せな人生を送るはずです。自分がやりたいと思ったことを実現する力があり、それに人が協力してくれるのですから、難易度の高い挑戦であってもうまくいく可能性が高まります。

仮に、5つの要素のうちの一つくらい欠けていたとしても、成功する確率はかなり高いのですが、5つの要素の中でもベースとなる「愛される人格」と「ビリーフ・セルフイメージ」は不可欠な要素です。

要素① 愛される人格

優れた人格の持ち主の周りには、多くの協力者が現れますし、尊敬を集めます。人から尊敬され、愛される人生のほうが幸福であることは間違いありません。

米国・ハーバード大学で行われた幸福度についての大規模な研究があります。その研究によると、周囲の人との良好な人間関係を築き、保っているかどうかによって晩年の幸福度に大きな差が出ることが分かっています。

周囲と良好な人間関係を築けているかどうかに関係しているのは、コミュニケーション能力の高さだけではなく、その人が愛されているかどうかということが重要になってきます。利害関係の上に成り立つ人間関係は多く存在しますが、人そのものが愛されることによって築かれた人間関係に利害は関係ありません。その人が愛されるかどうかは、コミュニケーションのやり方よりも、その人自身のあり方のほうが大きく影響します。単純にその人自身を好きか嫌いかという、考えるよりも感じ取る部分です。だから、幸せな人生という切り口でいえば、愛される人格は絶対に外せません。

愛される人格の基本は礼儀です。礼儀とは相手を尊重する気持ちを言動に表す行為なので、礼儀に問題があるということは、相手を尊重せず軽んじていることを意味します。自分のことを尊重せず軽く扱う人に対して、どれほどマイナスの印象や感情を抱くかは誰でも知っているはずです。

礼儀以外に特に大切にしてもらいたいことは「信用される人に育てる」ということです。社会に出ると人に信用されるかどうかで、ビジネスの成功、失敗が決まるといっても過言ではないほどに重要なものです。信用は「人格」×「能力」によってつくられるものなので、一朝一夕につくれるものではありませんが、親が能力ばかりに気をとられていると、能力は高いが信用されない人になってしまうリスクがあります。信用される人になるためには、正直であることは基本として、約束をきちんと守れるか、人を喜ばせることが好きかといったところが大切です。成長とともに「人が喜ぶのがうれしい」と思えるようになっていけば、その気持ちはさまざまな場面で行動に反映されます。

自分より年齢が下の子との関わりや、動物を育てることで愛情を抱く経験などで、与えることの喜びを感じる力は伸びていきます。また、親自身が人を喜ばせるのが好きであれば、子どもは無意識に親をまねするようになるかもしれません。

ある実験で国対抗のゲームを行ったところ、日本人がいちばんお互いに足を引っ張り合ったそうです。これは日本で人格教育が軽んじられてきたことを反映しているように私には感じられます。人格教育と能力教育はどちらも大切ですが、学校教育をはじめとする日本の教育現場では能力ばかりに重きがおかれていて、人格教育をしっかりとやっているところは少ないのではないでしょうか。だからこそ親がきちんと教えなければなりません。

現代経営学の父と言われるピーター・ドラッカーは「真摯さよりも頭のよさを重視

するものをマネージャーに任命してはならない。そのようなものは人として未熟であって、未熟さは通常治らない」という言葉を残しています。つまり、人格より能力を重視してはいけないと言っているわけです。「いかに知識があり、聡明であって上手に仕事をこなしても真摯さに欠けていては組織を破壊する」とも述べています。

新・経営の神様と言われる稲盛和夫さんは、中国の古典である『資治通鑑』から「才が徳に勝る人は小人、才も徳もない人は愚人」という箇所を引用して同様のことを言っています。「才」というのは人間の能力のことで、徳というのが人間性のことです。稲盛さんは長い目で見れば才はあるけれど徳のない「小人」より、才も徳もない「愚人」のほうが成長するといっています。能力は目に見えるので多くの会社では能力のある人をリーダーにしようとしますが、それに警鐘を鳴らしているのです。

要素②　ビリーフ・セルフイメージ

人格と同様に、ビリーフ・セルフイメージも5つの要素の中でベースになるものです。今まで世間ではビリーフやセルフイメージの重要性があまり注目されてきませんでしたが、実は人生に計り知れない影響をおよぼす要素です。

例えば、ＡさんとＢさんの２人は、年齢も能力も家族構成も同じだとします。Ａさんは「仕事をすると世の中に価値を生み出し、しかも給料までもらえる。仕事というのはなんて素晴らしいものなのだろう」と思っています。一方、Ｂさんは「仕事はつらくて苦しいものだ。お金もうけをするために耐えなければならず、自分の心身をすり減らし、自分の時間も削った犠牲のもとに成り立つものだ」と考えています。これはどちらが良いとか悪いとかいう話ではないので、どちらが正しいかを私たちがジャッジする必要はありません。ここで考えてほしいのは、休日明けの月曜の朝、ＡさんとＢさんそれぞれが起床する時、どのような感情なのかということです。

Ａさんは今日も仕事を通じて人に喜ばれることを思い描き、希望に満ちた目覚めを迎えました。一方のＢさんは、しんどいけれど仕事に行かなければと、強いストレスを感じながらやっとのことで起き上がります。両者を比較したとき、仕事が楽しそうなのはどちらなのか、収入が増えそうなのはどちらで、家族が幸せそうなのはどちらなのかを考えてみます。

すると、ほとんどの人がAさんだと感じるはずです。二人のステータスは同じで、唯一違うのは、仕事はこういうものだと信じている内容だけですが、その小さな違いによって二人の人生はまったく違うものになります。

これは子どもの場合も同じです。学校とはこういうもので、友だちとはこういうものだと信じていることの影響を強く受けます。

このようなビリーフは自分以外の何かに対するものですが、自分自身に対するビリーフはより重要で、セルフイメージにダイレクトに影響しています。日本の子どものセルフイメージは国際的に比較すると非常に低いということはよく知られています。セルフイメージとは自己肯定感（OKかNot OK）や自己効力感（CanかCan’t）その他、自分がどういう人間なのかなどを含めた自分自身に対して持っているイメージのことです。セルフイメージが低いということは言い換えると自信がないということですが、自信がなければ目の前にチャンスがきたときに挑戦できません。挑戦したときにうまくいくイメージができないからです。

挑戦するから経験値が上がるのですが、セルフイメージが低い人は、挑戦しようとしません。挑戦をしなければ経験を積むことができず、経験をしなければ能力は伸びません。

私たちは勉強して知識を得ると、能力が伸びたような気になりがちですが、知識を得ただけではまだ能力が伸びているわけではありません。知識というのは潜在的な能力に過ぎません。例えば熟練のシェフなら、新たなレシピという知識を手に入れれば、それを調理する能力で活かすことができます。しかし、子どもたちは知識を活かす能力をつくっている段階にあるので、いくら知識を得られたからといって能力は上がりません。子どもたちに必要なのは、さまざまな経験をすることです。

自転車に乗れない子どもに、自転車の乗り方についての完璧なマニュアルを渡したとしてもすぐに乗りこなせるようにはなりません。やり方を知っていることと、そのやり方どおりに行動できるかどうかは別の話で、実践あるのみです。

セルフイメージが低いと、その実践の部分が圧倒的に少なくなり、能力が伸ばせません。さらに、周囲に挑戦して伸びていく子がいれば、自分と比較してさらにセルフイメージが低くなるという負のスパイラルに陥ります。そうなることは絶対に避けなければなりません。

逆にセルフイメージが高ければ積極的に挑戦することができ、能力を伸ばしていくことができます。同じようにチャレンジする仲間から刺激を受けて、お互いに切《せっ》磋《さ》琢《たく》磨《ま》して成長することもできます。

子どものビリーフ形成には、親の影響が非常に大きいので、親は自分がどんなビリーフのもとで子どもと接しているのかを振り返ってみることも必要です。

要素③　コミュニケーション能力

人とのコミュニケーションが苦手な人でも人との関わりが比較的少ないプログラミングなどによって社会に大きな貢献ができる世の中になりましたが、それでもコミュニケーション能力が成功や幸せを手にするために重要であることは誰もが認めるところです。コミュニケーション能力によって収入にどれくらいの差が出るのかを調べた米国・ハーバードビジネススクールの調査によると、コミュニケーション能力が高い人と低い人の収入の差は１・85倍でした。この数字を年収で考えてみると、例えば年収５００万円と９２５万円の差ということになります。コミュニケーション能力の有無は、収入にそれだけの影響を及ぼします。

ただ、ここで考えてみてほしいのは、今、子育てをしている環境が、自分の子どもの頃と比べてコミュニケーション能力が上がりそうかということです。もともと、世界的に見て日本人のコミュニケーション能力は低いといわれてきました。今やインターネットの発達によって国境がこれまでほどの大きな意味を持たなくなってきている中では、日本人同士でのコミュニケーション能力ではなく、世界基準でのコミュニケーション能力が必要になります。

コミュニケーション能力は数値で測りにくいものですが、一つの指標としてはどれくらいのスピードで人と仲良くなるかということがあります。初めて会った人との打ち解け方や心の距離感を見ます。どこに行ってもすぐに友だちをつくれる子はコミュニケーション能力が高いといえます。どこに行っても友だちができるということは、自分から話し掛けて、相手にとっても心地よい距離感をつくっているはずです。

コミュニケーション能力を高めるためには、話し方や表情はもちろん、相手の話の要点をつかんでしっかり意思の疎通ができるか、相手が気分よく話せる聴き方ができるかなど、さまざまな要素が必要となります。

要素④ 目標達成スキル

目標達成スキルというのは、自分で定めた目標を成し遂げていくためのスキルです。「勝ちぐせ」とか「負けぐせ」という言い方がありますが、勝ちぐせがある人というのは、目標を設定して達成するくせのある人だと私は定義しています。目標を設定して達成する経験を重ねていくと、あれもできたから次もできるだろうと考えることができるようになり、自己効力感が高まるにつれ「自分はできるタイプだ」というセルフイメージが固まってきます。一方で、負けぐせがある人というのはあきらめるくせのある人です。負けぐせのある人は、前にもできなかったから次もできないのではないかと考えて「自分はできないタイプだ」というネガティブなセルフイメージをつくりあげていってしまいます。

なんとなくできそうな気がするというのでは、ホンモノの自己効力感とはいえません。大事なのは、自分が目標を達成できると考える明確な根拠があるかどうかです。例えば、自分で決めた目標を何度もやり遂げてきた、そのために困難を乗り越えてきたという経験などが、その根拠になり得ます。

自分自身の数々の困難を乗り越えてきたという経験が理由になっていれば、それは本物です。しかし、なかには親に「あなたならできる」とずっと言われてきたということが理由になっている人もいます。それだけではホンモノの自己効力感とは呼べません。実際に成し遂げた経験はないので、できない自分に直面したとき、簡単に心が折れてしまう可能性があるからです。

親にできるのは、目標を設定して達成するくせをつける手助けをすることです。何度も成功体験を積ませて、勝ちぐせをつけさせることが重要です。

この自己効力感を高めるために必要とされるのは次の4つです。

●目標を達成した経験を積み重ねる

自己効力感を持つためのいちばん効果的な方法は、経験による習得だとスタンフォード大学の心理学者アルバート・バンデューラ博士は述べています。つまり、自分の力で目標を達成したり、困難を乗り越えたりする経験が大切だということです。

ただ、あまりに簡単な成功体験ばかりを積み重ねていると、子どもがすぐに結果を求めるようになり、困難な状況に直面した時に挫折しやすくなってしまいます。重要なのは、単に成功体験を積むだけでなく、困難に立ち向かって乗り越えるという体験を積み重ねていくということです。親としては子どもが悩んでいる姿を見ると助け舟を出したくなるかもしれませんが、子どもが自分自身の力で困難を乗り越えることは、自己効力感を育むうえで重要なポイントなので、我慢のしどころです。

●お手本となる人を探す

自分と共通点が多くて、すでに成功している人をお手本として意識するのも有効です。自分のお手本とする人が困難に立ち向かい、成功したり目標を達成したりする様子を見ると、子どもは自分自身も同じように目標を達成できるというイメージを持つようになるからです。お手本にする人は自分との共通点さえ多ければ実在の人物はもちろん、本や映画、アニメなどの登場人物でも問題ありません。子どもにとって身近で共感しやすい人が効果的です。

●信頼できる人からの励まし

信頼している人から「あなたならできるよ」と励まされることでも、自己効力感が高まります。例えば、両親や友人など、身近で信頼できる人からの言葉は子どもの自己効力感を高めるのに効果的です。子どもが新しい挑戦をしてうまくいかなかったときにも、挑戦したこと自体を褒めたり、努力のプロセスを肯定したりすることで、次のチャレンジにつながります。

●感情や体調のケア

落ち込んでいるときや体調がすぐれないときには、自己効力感も下がりがちです。心身の不調が続くと自己効力感にも悪影響を与え、目標をあきらめてしまったり、新たな目標を設定することに対して消極的になったりすることがあります。

要素⑤　考える力

一口に考える力といっても、これからの時代に必要なのは「人間の考える力」です。経済産業省が提唱する社会人基礎力には考え抜く力として含まれており、ある問題に対して深く考え、独自の視点や判断力を持って解決策を見いだす能力のことだと定義されています。ＡＩ（人工知能）はあくまでも過去のデータを基に作業を行うことを得意としており、革新的なアイデアを創造するのはこれからも人間の力によるところが大きいと考えています。

例えば、「ランドセルが重い」という悩みを解決しようと、小学生自身が思いついたアイデアを基に２０２２年にある商品が誕生したのも「考える力」が発揮されたケースです。この商品は2本のスティックをランドセルに取り付けてキャリー化できるもので、ランドセルの負荷を90%ほど削減するといいます。

発案のきっかけは２０２１年夏、民間企業の関係者と小学生たちとの雑談でした。関係者が小学生たちに悩みや困りごとはないかと質問すると、「ランドセルが重い」

という意見が飛び出したといいます。

そんな悩みに対して、どうしたら解決できるかと話し合っていたなか、「ランドセルにタイヤをつけて引っ張ればいい」というアイデアを、当時小学4年生だった双子の兄弟が出したのです。すぐに試作品を作り、その後もテストと改良を重ねて2022年に商品化され、現在全国各地から多くの注文が入っているほど人気を博しています。

このケースが示すように、問題や課題を発見し、解決策も考えて今までにないものを出していくのは、人間に特有の考える力です。この力があるかないかが、子どもの未来の分かれ道になります。

考える力をつけるうえで大事なのは、親が答えをすぐに与えないということです。親がすぐに答えを教えてしまうと、例外なく考える力のない子どもが育ちます。

それから親が過保護であったり過干渉であったりすると、子どもの考える力を伸ばすことができません。良かれと思って親が先回りして子どもの問題を取り除いていると、子どもは自分で考えようとしなくなってしまいます。

また、指示・命令型の親に育てられている子どもも考える力が伸びません。親が考えて指示や命令を出し、子どもはそれに従うだけだからです。

答えをすぐに教えてしまったり過干渉であったり、子どもに考えさせず、いつも指示を出したりする親に共通する肯定的な意図の代表的なものに「親自身のストレスを軽減したい」というものがあります。確かに、子どもに考えさせるよりも、親が考えて指示や命令をすれば効率が良くなるように感じます。これをやりなさいと親が指示を出し、それができたら次はこれというように管理していけば、親としては最小限の手間で済みます。子どもがつまずきそうなところは、親が先回りをして問題を取り除いたほうが、子どもにやらせるよりも要領よくこなせて簡単です。

しかし、その代わりに犠牲にしているものの大きさは計り知れません。子どもに考えさせるという手間を惜しんだことで成長の機会を奪い、子どもの人生の幸せを潰すようなことは避けなければなりません。

考える力を鍛える最も有効な方法は、親が子どもに対して適切な質問を投げかけ続けることです。ＹＥＳかＮＯで答えられる質問ではなく、答えに正解があるわけではない、または考えればたくさん答えが出てくるような質問を日常的に投げかけることが重要です。家族会議を開催して、さまざまなテーマについて子ども自身の意見を求めることも有効です。これらの方法には親の関わりが必要ですが、子ども一人だけでもできる方法として読書があります。読書をすることで知識や情報を得られるだけでなく、自分自身の考え方や判断力を深めることができます。また、読書を通して他人の視点に立って物事を考える習慣を身につけることで、現状を分析して課題を明らかにする力を養うことも期待できます。

とはいえ、読書が嫌いだという子どもも少なくありません。そういう場合には、次に挙げるポイントに沿って子どもが読書に向かう環境を整えてあげてください。

●幅広いジャンルやタイプの本から選ぶ

物語の世界に没頭する読書を好む子もいれば、ノンフィクションの本から知識を得ることを楽しむ子もいます。特定のジャンルにこだわりがある子もいれば、幅広いジャンルに興味をひかれる子もいるので、さまざまなジャンルの本に触れられる機会をつくることが大事です。文字ばかりが並ぶ本だけでなく、挿絵や写真が挿入された絵本やビジュアルの美しい図鑑など、多様なジャンルやタイプの本を提供すると、子どもたちは自分に合った本を選ぶことができます。

●本人の興味や好みをきっかけとして本を選ぶ

子どもの好きなテレビ番組や映画、趣味に関連する本を勧めることで、読書への興味を引き出せることがあります。サッカーや野球などのスポーツが好きな子であれば、自分の好きなスポーツがテーマの物語や、スポーツの歴史を解説した本、スター選手の伝記など、選択肢はたくさんあります。また、好きなテレビアニメのノベライズ本も、本を読むきっかけになります。

●読書に没頭できる環境を整える

読書をする上では環境を整えることも大切です。本を読み始めたら読書に没頭できるように静かで、目に優しい明るい場所を用意します。家庭内に読書コーナーを設けて、子どもが興味を持ちそうな本を並べておくと、日常の中で子どもが本を手に取りやすくなります。

●定期的に読書の時間を設け、読書習慣を育てる

読書を習慣化するには、定期的に読書の時間を設けることです。家庭内で読書の時間を決めておくのはもちろん、児童館や図書館などで定期的に行われる読み聞かせ会に参加するのも効果的だといえます。子どもが参加できる読書クラブに参加したり、仲の良い親同士で読書会を開催したりするなど、子どもが楽しく本を読める機会を増

やすことが大切です。

子どもの長所と向き合う

知的労働が中心の経済で、さらにはその知的労働の多くが生成系ＡＩに取って代わられようとしている現在、個人の能力や強みが社会で活躍するうえでより重要になってきています。厚生労働省が２０１６年に発表した「働き方の未来２０３５」でも「自立した個人が自律的に多様なスタイルで働くことが求められる」ということが強調されています。子どもたちは自身の強みを理解し、それを自分の武器として活用していく必要があります。

とはいえ、長所を伸ばすということは意外と難しいものです。特に親は、子どもの欠点ばかりに目が向いてしまい、長所を伸ばすというよりも欠点を直そうとしてしまいがちです。

コロンビア大学の研究によると、子どもの短所ばかりに注目して、常に批判的な態度を取っていると、子どもに悪影響を及ぼすことが明らかにされています。子どもの個性や能力に対して、例えば「あなたはあまり賢くないよね」などと批判めいたことを言ってしまうと、子どもの自己肯定感を低下させる可能性があります。

一方で、子どもの行動のプロセスに対する批判については、子どもの自己肯定感を下げることがありません。むしろ、プロセスを改善することにつながり、結果として問題解決能力を養うことができます。

子育てをするうえでは、子どもの短所よりも長所に目を向けるようにし、子どもの行動に問題があるときにはプロセスに対して指摘するように心がけると、子どもの成長を促すことにつながります。

子どもの長所を見つけて伸ばすためには次のような方法が有効です。

●子どもに好きなことや得意なことに関する質問をする

子どもの強みを明確にするためにも、まずは子どもに長所に関する質問をしてみます。「何をしているときがいちばん楽しい？」と聞いてみたり、子どもの得意なことについて「お母さん（お父さん）はすごく苦手だったんだけど、あなたはなんでそんなに得意なの？」と聞いてみたりして、子どもの強みを明らかにしていきます。子どもが自分の得意なことを見つけ、自分でなぜそれができるかを説明できるようになると、子ども自身も自分の強みを認識できるようになります。

●子どもの言動を観察する

子どもがどのような活動をしているときにいちばん輝いているかを観察します。家庭内ではもちろん、子どもが学校でどのように振る舞っているかを注意深く見ていると、集団の中でどのような役割を果たしているかも見えてきます。例えば、運動会などの行事で周りの友だちを引っ張っていたり、勇気づけたりする行動をとっている場合は、リーダーシップが強みかもしれないなどと考えられます。みんなの注目を浴びるような目覚ましい行動をしていなくても、集中して取り組んでいたり、最後まであきらめない姿が見られたりするようならそれも長所です。

その際、親は子どもの強みを多角的にとらえるように心がけます。例えば、子どもが人と話すのが好きな場合、親としては少し静かにしていてほしいと思うこともあるはずです。そこで、「ずっと話しているとみんなからうるさいと思われるよ」などとネガティブなフィードバックをしてしまうと、せっかくの子どもの長所を潰してしまうことにもなりかねません。親目線ではネガティブに感じることでも、見方を変えると強みに変わることがあるので、子どもの性格の特徴はさまざまな角度から見るように心がけます。

●強みを子どもに伝える

子どもの長所を見つけられたら、本人に自分の強みを認識させることが重要です。

「運動会で披露してくれたダンスがとてもすてきだったよ。一生懸命に練習を頑張ったんだね」といったフィードバックをすると、子どもの自己肯定感を高める助けとなります。

大人であっても自分の強みにはなかなか気づかないものですが、それは子どもでも同じです。子どものことを日頃からよく見ている親が我が子の強みを見つけ、子どもに伝えることで、子どもは自分の強みを認識し、活用できるようになっていきます。

子どもの強みを伸ばす上で個人差を認めることも大切です。子ども自身が自分の長所を考えるとき、自分には周りと比べて得意なことがないと悩むケースはよくあります。その場合、自分の好きなことや得意なことが何かということは自分で分かっていながらも、ほかにもっと上手にできる人がいると思っているために長所として認識できないという状態とも考えられます。

そのようなケースでは、得意の度合いにも個人差があるということを認める必要があります。同時に、自分が持つあらゆるスキルの中で、何がいちばん好きで得意なのかを認識するようにします。例えば、ほかの子のほうが絵を描くのが上手だと思えたとしても、絵を描いているときに何より楽しいと感じることができたり、自分にできることの中で絵を描くのがいちばん得意だと思えたりするなら、それが自分の長所だと教えてあげます。このような考えを持つことで、子どもは自分自身と他者を必要以上に比較することなく、自分自身のペースで成長することができます。

やるべきことをやってからやりたいことをやる

最近、「やりたいことをやりましょう」というメッセージをよく耳にするようになりました。やりたいか、やりたくないかということを軸に意思決定をするという考え方です。別の軸として、やるべきか、やるべきではないかというものがあります。

私の考えとしては、やりたいことをやるということに関しては大賛成です。私自身も、子どもの教育の仕事を優先してやっているのはなぜかといえば、やりたいからです。やらされているわけではなく、自分がやりたいことをやれるというのは、とてもラッキーなことだとも思っていますし、日々充実して幸せです。だから、子どもたちにやりたいことをやれる人生を送ってほしいというのは紛れもない私の本心です。ただ、それが極端にもてはやされている今の風潮を見ていると、勘違いをする子どもが出てくる可能性があるのではないかと危惧しています。

例えば、いい学校に行きたいけれど勉強はしたくない、プロのスポーツ選手になりたいけれど苦しい練習は嫌だというのでは、やりたいことを実現できるはずがありません。大人は経験上分かっていることでも、経験の浅い子どもには成功者の陰の努力が見えていないことがよくあります。

だから、物事には順番があって、まずやるべきことをやらないとダメだということをきちんと伝える必要があります。やるべきことをやるから、やりたいことがやれる人生を送れるし、周囲の人よりも世の中をよく観察し、考え、適切な努力をするから成功を手にすることができる。実に当たり前のことなのですが、この順番をまず親自身が正しく認識して、子どもにきちんと伝えることが大切です。

子どもにやりたいことがあって、やるべき努力を一生懸命にできるなら親は全力で応援してあげればよいのですが、いくら将来に必要な大切なことであっても、子ども自身が「いや、嫌い」と避けようとすることはよくあることです。こういうときに親が無条件に「嫌なら無理してやらなくていい」と考えてしまうと危険だということは、肝に銘じておいてほしいところです。

とはいえ、子どもは心から情熱をもってやりたいことが見つかっていないケースがほとんどです。その場合は、将来のために今やるべきことは何かを考え、それに一生懸命取り組むことの大切さを伝えます。親がすべきことは、子どもが幸せな人生を送るために、今やるべきことを優先する習慣をつけてあげることです。母性愛と父性愛をバランスよく注ぎ、ホンモノの自己肯定感を養うことで、子どもは自分のやりたいことを見つけたときに前向きにチャレンジして成功をつかめるようになります。

ホンモノの自己肯定感は非認知能力の土台にもなる

　ＩＱテストや、計算力や語学力を測る学力テストなどで測定する能力を認知能力と呼びます。これまでの学校教育ではこの認知能力が重視されてきました。それに対して、コミュニケーション力や意欲、忍耐力などのように数値で測定するのが難しい能力のことを非認知能力といいます。非認知能力を幼児期から小学校高学年にかけて伸ばすことで、その後の人生を幸せに生きていくための基礎がつくられます。

　この非認知能力が注目されるようになったのは、経済学者のジェームズ・ヘックマン教授の研究がきっかけでした。ヘックマン教授は自身の研究により、子どもたちが社会で経済的に成功をおさめて幸せな生き方をするためには、ＩＱが高いことや学力を伸ばすことよりも目標達成を諦めない力や自制心といった非認知能力を育成することが重要であると明らかにしました。

OECD(経済協力開発機構)は非認知能力を社会情動的スキルと位置づけており、次の3つの要素を軸としています。

- 目標の達成:忍耐力・自己抑制・目標への情熱
- 他者との協働:社交性・敬意・思いやり
- 情動の制御:自尊心・楽観性・自信

これらのスキルがあれば、困難な状況におかれてもあきらめずに目標に向かって忍耐強く頑張ったり、新しいことに情熱をもって挑戦しようとしたり、失敗しても感情をコントロールして立ち直ることができたりします。また、自分以外の他者と関わる中でも、他人の意見を尊重して協調しながら物事を進めたり、相手の立場になって考えて人の気持ちに共感したり、思いやりをもって接したりすることができます。いずれも、社会の中で周囲と協力しながら物事を達成していくために必要な力です。

これらの社会情動的スキルは、認知的スキルと切り離せるものではありません。非認知能力と認知能力とは別々に機能しているのではなく、相互に作用して影響し合うと考えられています。

非認知能力は主に4〜5歳の幼児期に大きく発達し、学童期・思春期に伸びていくとされています。文部科学省は小学校教育につながる幼児期の学びの特性として、非認知能力を主に3つの観点からまとめています。

①自分の目標を目指して粘り強く取り組む
②そのためにやり方を調整し、工夫する
③友達と同じ目標に向けて協力し合う

(中央教育審議会　初等中等教育分科会　幼児教育と小学校教育の架け橋特別委員会第2回会議までの主な意見等の整理)

非認知能力には、この3つ以外にも、コミュニケーション能力やセルフコントロール力など重要とされるさまざまな能力があります。これらの能力を習得するためには何かしらの挑戦が必要です。自己肯定感が低い子は、自信のなさゆえに挑戦を避けます。また叱られずに育ったことによるニセモノの自己肯定感タイプの子も、苦手、嫌いなことは親が言っても避け、挑戦しないためその能力は伸びません。つまり、ホンモノの自己肯定感があるから、非認知能力を高めるために必要な挑戦ができるということなのです。

社会的に成功するには危機管理能力も必要

母性愛も父性愛もバランスよく注いで、自己肯定感の高い子どもが育ったとします。そうすると、前向きにいろいろなことに挑戦できる子どもになっているはずです。成長していずれは起業し、経営者になるかもしれません。

ところが、起業という夢をもっていた人が、仮に夢を叶え起業したとしても、長期にわたり順調に事業を継続していけるとは限りません。どんなに誠実に経営をしていたとしても、世の中には景気の波がありますし、コロナ禍のような予期できないことも起こります。そのときに、危機管理能力がなければ、時代の流れにのみ込まれて、会社を続けられなくなります。「最悪の場合どんなことが起きるか」を考えて備えておくことが、成功し続けるための条件といえます。

日常生活においても、国際紛争や自然災害など最悪を考え出すと気分が沈む状況ですが、私たちはそういう厳しい時代に子どもたちを世の中へ送り出すのだということをちゃんと認識しておかなければいけません。そのためには、子どもたちにどのような力が必要で、親にできることはどんなことなのかを考える必要があります。

子育てにはタイムリミットが存在する

子育てにはさまざまなタイムリミットがあります。人間の脳は3歳までに80%完成するとか、運動神経の発達は12歳までが勝負といったことが、最新の研究によって明らかになっています。

この事実を受け止めて、親はそのタイムリミットに達するまでに母性愛、父性愛をバランスよく注ぐことはもちろん、大人になってから必要になる重要な要素を高めるための対策を打たなければなりません。

子どもの教育というと真っ先に学校教育を思い浮かべがちですが、子育てにおいては学校よりも親の影響のほうが圧倒的に大きいというのが実際のところです。自分の子どもが幸せな人生を送るためには、親が発達のタイムリミットを意識し、正しく焦ることが大切です。

今、学校の中では暴力事件が増えています。しかし教師は、子どもが暴力をふるっても言葉で諭す以上のことが行えません。近年は教員の労働環境の厳しさなどのマイナス要素が広く知られるようになったこともあって教員を目指す学生も減少し、教員の確保にも苦労しているのが現状です。ギリギリの人数で学校を運営し、教室では一人で数十人の子どもたちと日々向き合っている学校の先生方の苦労を思うと、本当に頭の下がる思いです。

このような背景もあり、学校教育の子どもへの影響は親世代の頃と比べても小さくなっており、その分だけ親の影響がより大きくなっているのです。子どもたちは基本的には学校に毎日通い、そこで多くの時間を過ごさなければなりません。もし学校に問題行動をする子がいれば、なんらかの悪影響を受ける可能性もあります。

クラスに問題行動を起こす子どもがいると、それまで問題行動をしていなかった子が問題を起こすようになることがあります。我が子が悪影響を受けて問題を起こす側にならないようにするには、子どもの教育を学校に任せきりにするのではなく、子育ては家庭教育の問題としてとらえ、子どもが社会に適応できるよう、倫理観を確立させて道徳的な判断を間違えないようにすることや、ブレーキビリーフを書き換えておくなど、家庭できちんと教育しておく必要があります。

真因を見つけることが近道

私の塾に通っている子どもたちの保護者を見ていると、教育熱心で真面目な人ほど、たった一つの正解を求めようとする傾向があるように感じます。

しかし、子育てにおいて絶対的な正解はありません。子どもの個性に応じて、子育てのやり方には幅があります。もちろん、子育てのあり方を見直す必要があるケースもあります。例えば親も先生もベストを尽くしているはずなのに、子どもにいろいろな問題が起こる場合には、子どもとの関わり方が適切ではない可能性が考えられます。その場合には、なぜそれらの問題が起きているのかを冷静に分析することが、問題解決（改善）に向けた第一歩です。

子育てで問題が発生したとき、本当の原因が理解されなければ解決はできません。なぜこの問題が起きたのか、その原因は何か、その原因が生じたのはなぜかというように、真因に行き着くまで深く掘り進めていきます。

対処するのと解決するのは違います。例えば、子どもが40℃の熱を出したとします。熱を下げようと解熱剤を入れるのは対処です。発熱の原因が解決したわけではないので、解熱剤の効き目が切れたら熱が再び上がります。根本的に解決しようと思ったら、病院で検査をして熱が出ている原因を明らかにする必要があります。検査の結果、腸の炎症が原因ということが分かれば、抗生剤を注射したり点滴したりという処置をし、それで炎症が治まれば熱は下がります。そうすると腸の炎症については、ひとまず解決です。

しかし、いったんは解決したものの、何度も腸の炎症を繰り返すのであれば本当の原因には達していなかったということになります。別の病院に行ってみたら、腸の炎症をたびたび起こすのは食生活が原因だということが判明したとします。医師の指導にしたがって食生活を変えたら腸の炎症を起こさなくなったとなれば、これこそが本当の解決にあたります。

子育てに限らず、世の中にはノウハウがあふれています。発熱のたとえでいえば、解熱剤や抗生剤、食生活を変えるというのがノウハウにあたります。どんなノウハウでも少なからず効果は出ます。一時だけでも効果が出ればよいというのなら、ノウハウを試せば済みます。しかし、子育てには子どもの未来がかかっており、発達にはタイムリミットがあります。真因を探り当てるのを後回しにして小手先のノウハウを探してばかりいては、いつまでも根本的な解決にならず、手遅れになってしまいます。

悪化しているさまざまな指標

　ビジネスの世界を考えてみれば分かりやすいのですが、今までのやり方で業績が下がっている会社があったとして、もしやり方を変えずにそのまま同じことをやり続けたら業績が落ちることは明白です。最終的には倒産するであろうことは簡単に予測できます。多くの会社は、少しでも業績が落ちたらなぜなのかを徹底的に調べます。業績を上げるために、変えられる余地のあるところは積極的に変えなければ、その会社は立ち行かなくなります。

　では子育てや教育の世界ではどうでしょうか。

　例えば、子どもの自殺者数を見てみると、子どもの総数が減っているのにもかかわらず、増加しています。厚生労働省の発表によると、2022年の全年齢の自殺者数は前年より874人増えて、2万1881人でした。このうち、小中高校生の自殺者数は５１４人で、統計が取られ始めた１９８０年以降で最多となっています。児童・生徒の自殺者数は16年から増加傾向にあり、コロナ禍が始まった２０２０年には前年よりも１００人増えています。

また、引きこもりで苦しんでいる人の数字を見てみると、２０２３年の政府の発表によれば約１４６万人いるとされています。そのうち20年以上引きこもっている人が19%おり、人数にすると20万人以上に上ります。これをおよそ20年前と比べてみると２００５年の調査では総数が約70万人でした。直近の数字は過去の調査方法と少し違うため、単純な比較をすべきではありませんが、４年前の前回調査時には１１５万人という発表がなされたことを考えると、約20年の間にものすごい勢いで引きこもりの人が増えているということになります。すべての原因が教育にあるわけではないとはいえ、これは業績になぞらえていえば、考えられないほどの悪化だといえます。

うつ病については２００８年の時点で１００万人を超え、今では１１０万人を超えています。あくまでも、これは医師から診断された人の数であり、実際には診断を受けていないものの、うつ病の症状を抱えている人はもっと存在している可能性があります。実際に、ＷＨＯ（世界保健機関）は日本にうつ病の患者は５０４万人いるという推計を出しています。

探せば探すほど、目を覆いたくなるような悪いニュースが出てきますが、これは学校教育の問題でしょうか。一部には、学校や先生に責任がある場合もあるかもしれませんが、例えばうつ病については元をたどれば親の関わりによってできたビリーフが真因であることが多く、家庭教育の問題と言えます。

本来、教育は自分の望む豊かな人生をつくっていくためのものであるはずです。しかし、テストの偏差値であったり、部活の試合の勝ち負けであったりといった目先の結果だけにとらわれていると、子どもにとって大切なことを取りこぼしてしまいます。人間には高度な知性があるというのがほかの動物とは明確に違うところです。自分が存在することで社会に良い影響を与えて周囲を豊かにしていきたいと考えるのは、人間だからこそできることです。

このような広い視野で社会を見て子育てをしている人はたくさんいますが、同じような感覚の人が増えれば増えるほど、社会全体が豊かになるといっても過言ではありません。そしてそれは、子どもたちの未来を豊かにするということにもつながります。ビジネスを通じて社会に貢献する人もいれば、それ以外の活動によって社会に貢献する人もいるでしょう。いずれにせよ、周囲を幸せにしていこうという意識のある人が、結果的に人間的にも経済的にも豊かになるようにこの世界はできています。

教育の目的が社会に出ていくための準備だとするなら、今の教育は本当にその目的を果たしているといえるでしょうか。学力を上げることができたとしても、心の部分や非認知能力をおろそかにしていては、本当の意味で豊かで幸せな人生をつくることは難しくなります。

子どもの評価軸はごく限られています。子どもたちは主に学業の成績やスポーツの成果などで順位をつけられたり点数をつけて序列化されたりします。数字で評価することのできないような力、例えばコミュニケーション能力や目標達成スキル、問題解決力などの、子どもが幸せな人生を送るうえで非常に大切な要素が注目されることもなければ、評価されることもないのが今の日本の教育です。学校の成績がよければそれに越したことはありませんが、多少悪かったとしても5つの資質をしっかり高めることができた子が将来自らの望みを叶え、自分自身の望む幸せな人生を歩むことができるのです。

最終的に目指すところは、子どもが豊かで幸せな人生を自分の力でつくれることです。親は、そこに向かって順調に進んでいるかどうかを見定めていくという姿勢でいる必要があります。

子どもは可能性のかたまり

子どもの成長速度や成長の大きさは、私たち大人とは全く比較になりません。企業研修で大人が1階から5階の高さまで伸びるとしたら、同じ内容を子どもに教えると100階の高さまで伸びるような伸び率の差を感じます。別人のようになる子も少なくありません。

私の運営する塾に通っていた4年生の男の子の話です。私の塾を訪れた時、彼は不登校になっていました。お母さんはシングルマザーで、一生懸命子育てをしていましたが、引きこもって何にも挑戦しようとしない息子にどう接すればよいのか分からなくなっていました。

本来であれば、不登校の子どもは受け入れないのですが、たいへんお世話になった方からの紹介ということもあり、特別にその子を受け入れることにしました。最初の頃は、泣きわめく男の子をお母さんが引きずるようにして連れてきていました。私の塾では実践が多く組み込まれていて、人前で話す場面が多くあります。それは不登校で学校から遠ざかっていた男の子にとっては非常にハードルの高いものでした。

うつむいてポロポロと涙をこぼす彼に、周りの子どもたちからは「頑張れ！」という声が上がります。しかし、その男の子は一言も発することができず、ただ涙を流しているという状態でした。

それから塾で行う数々の実践のなかで自信をつけ、彼はみるみるうちに変わっていきました。いつしか学校にも行けるようになり、1年半が経った5年生の終わり頃には、学校の卒業式で在校生代表の送辞を立候補して見事にやり遂げるほどに成長していました。翌年は卒業生答辞を複数の立候補者の中から勝ち取って堂々たるスピーチを披露したほどです。こうなってくると、一言も発言できずに涙を流していた頃とはまるで別人のようになっています。

彼が特別な例なのではありません。この10年ほどの間に、私の塾で成功体験を積んで劇的な変化を遂げた生徒はたくさんいます。スポーツや芸術面で全国トップレベルの活躍をする子、勉強面で大きく成績を伸ばす子、学校で抜群のリーダーシップを発揮する子……。数え上げればキリがありません。

子どもたちになぜそんな変化が起きるかといえば、子どもの吸収力がすばらしいことに加えて、ブレーキビリーフもまだ弱く、固まりきっていないからです。そこへ成果を出せることが明らかになっているレシピを与えれば大人の想像をはるかに超えた伸び方をするのです。

揺るぎないホンモノの自己肯定感を土台に、新たなことに次々と挑戦していけば、成功体験の質が上がっていきます。そうするとセルフイメージも上がります。そんな仲間を見て、子どもたちは「自分も！」と良い影響を受けて互いに刺激し合い、無限に成長していきます。紛れもなく、子どもたちは可能性のかたまりなのです。

おわりに

もともと子どもの教育とは無縁の業界にいた私が、子どもたちの教育に携わるようになって12年が経ちました。10年以上にわたって子どもたちと関わっていても、いまだに子どもたちの成長に驚かされることがよくあります。

ある小学5年生の男の子は、学校のクラブの一つとして怪談クラブをつくりたいと考えました。自分の周りに怪談が好きな人がいたので、自分でメンバーを集め、学校に提案をして交渉した末、正式なクラブとして学校に認めてもらうことに成功しました。小学5年生の時点ですでにそんな体験をした彼は、きっとこれからも成功体験を積み重ね、いずれは自分の夢を叶え、社会に出ても成功するような大人になると思います。また血だらけのマメができるほどの努力の結果、鉄棒の全国大会に出場した生徒や、全日本バレエコンクール ジュニア部門3位を獲得した子、塾の国語テストで

1万人中19位と過去最高の結果を出せた子もいます。

このような成長を見せる子どもは、数えきれないくらいいます。私たちを頼ってくれる保護者の中には学校で教員をしている人もたくさんいるのですが、学校教育の現場をよく知る人たちが口をそろえて言うのは「学校教育の中でこんな伸び方をするのを見たことがない」という話です。これらの成果は私たちの関わりだけで生み出したものではありません。本書でお伝えした内容を私たちが保護者へ伝え、保護者の皆さんが自分の守備範囲についてしっかりお子さんに関わってくださったおかげで生み出されたものなのです。

そもそも、私が子どもたちの教育に乗り出したのは、ビジネスの世界でおぼえた違和感からでした。会社に入ってくる社員を見ていて、仕事に対する責任感の低下や、会社のタテの関係性の中でうまく振る舞えなかったり、何かあるとすぐに周りの人や環境のせいにしたりする若者が増えているのを肌で感じていました。また、メンタルの弱い子が増えてきている感覚もあり、どうもおかしい気がすると思って、周囲の経営者仲間に話してみたところ、同じ違和感を持っている人がほとんどでした。本書を読んでいる人の中にも、会社で同じような状況にあって苦労している人もいるかもしれません。

それはなぜなのかということを探っていき、私がたどり着いたのは幼少期の親との関わり方でした。父性愛を適切に注がれていない人が増えていること、その背景として「叱らない子育て」がもてはやされている風潮があることが見えてきました。さらには、父性愛を注がれずに育った人の問題は、大人になってからどうにかしようとしても難しいということも分かってきました。

父性愛は、子どもに母性愛をしっかり満たしたあとに、できるだけ早く注ぐ必要があります。私の経験上、父性愛を注がれてこなかった子は感情のコントロールがうまくできず、親に暴言を吐いたり、暴力をふるったり、物に当たったりという反発が出やすくなるので、早いうちから父性愛を注ぐのがベストです。

本書を読んで焦りを感じているとしたら、それは正しい反応です。まずは十分に母性愛を注いだ上で、父性愛を適度に注ぐという順番でアプローチしてみてください。また本書では「母性愛」「父性愛」のそれぞれの注ぎ方やバランスについて解説しました。きっとご自身でどちらの愛情が不足しているかを自覚している方も多いと思います。少々極端な言い方になりますが、きちんと自覚できている人はすでに十分に注ぐことができている愛情についてのページは読み飛ばしていただいても結構です。その代わり、不足している愛情についての部分は何度も何度も繰り返し読み込んでいただきたいと思います。

子育てをしていくなかで、自分自身のビリーフに気づく人もいるはずです。今まで目を背けてきた自分自身の深い部分に触れることにもなるので、自分では対処しきれなくなることもあると思います。そんなときは無理せずに専門家であるコアビリーフセラピストを頼ることが大切です。

最後に、読者の皆様ご自身のビリーフをチェックしていただくための「親のビリーフチェックシート」を用意しました。シートに記入したご自身のビリーフが、子どもにどのような影響を及ぼすのかを客観的に確認するためのものです。二次元コードからログインしていただき、役立ててもらえると幸いです。

本書を手に取った読者は、子どものことを一生懸命に考え、子どもの幸せを心から願う素晴らしいお父さん、お母さんであることは間違いありません。本書が子育てに悩んでいる人の道しるべとなり、子どもたち自身の望む人生を送るための一助となることを心から願っています。

2024年3月吉日　井上顕滋

井上 顕滋（いのうえ けんじ）

1970年生まれ。

2004年Result Design株式会社を設立。最先端の心理学および脳科学を学び、それらを融合させることで人それぞれの持つ能力を最大限に引き出す、独自の能力開発メソッドを確立。3000社以上の企業で経営者・経営幹部への指導や研修を行い、「１年間で離職率８分の１」「２年間で経常利益26.8倍」「営業成約率平均31.9%アップ」などの実績をもつ。エグゼクティブコーチ、メンタルトレーナーとしてオリンピック出場の日本代表選手や世界一に輝いたプロスポーツ選手のサポートも行っている。自らも経営者として30年以上の部下育成の経験を持つ。2011年に未来の成功者を育てるため、小学生を対象とする日本初の非認知能力専門塾Five Keysを設立。2015年には非営利型一般財団法人日本リーダー育成推進協会（JLDA）を創設し代表理事に就任。現在は特別顧問。講座などを通じてこれまで指導した小学生の保護者は4万人を超える。

本書についての
ご意見・ご感想はコチラ

子育てママに知ってほしい
ホンモノの自己肯定感

2024年3月22日　第1刷発行

著　者　　井上顕滋
発行人　　久保田貴幸

発行元　　株式会社 幻冬舎メディアコンサルティング
〒151-0051　東京都渋谷区千駄ヶ谷4-9-7
電話　03-5411-6440（編集）

発売元　　株式会社 幻冬舎
〒151-0051　東京都渋谷区千駄ヶ谷4-9-7
電話　03-5411-6222（営業）

印刷・製本　中央精版印刷株式会社
装　丁　　弓田和則

検印廃止

Printed in Japan
ISBN 978-4-344-94758-0 C0037
幻冬舎メディアコンサルティングＨＰ
https://www.gentosha-mc.com/